黑棋非棋 编著

围棋基础自测

1200题

吃子篇

化学工业出版社

·北京·

图书在版编目（CIP）数据

围棋基础自测1200题. 吃子篇 / 黑棋非棋 编著. —北京：
化学工业出版社，2017.3（2025.2重印）
ISBN 978-7-122-28841-7

Ⅰ.①围… Ⅱ.①黑… Ⅲ.①围棋－习题集 Ⅳ.
①G891.3-44

中国版本图书馆CIP数据核字（2017）第004553号

责任编辑：史　懿　　　　　　　　　　　　装帧设计：刘丽华

出版发行：化学工业出版社（北京市东城区青年湖南街 13 号　邮政编码 100011）
印　　装：涿州市般润文化传播有限公司
710mm×1000mm　1/16　印张 11　2025 年 2 月北京第 1 版第 6 次印刷

购书咨询：010-64518888　　　　　　　　售后服务：010-64518899
网　　址：http://www.cip.com.cn
凡购买本书，如有缺损质量问题，本社销售中心负责调换。

前言

本套书主要写给初学围棋的儿童及其家长，以及自学围棋的爱好者。

爱好者无论是接受系统的围棋教学，还是自学，做练习题都是学习围棋必不可少的内容。做练习题既可以巩固所学知识，提高计算能力，更可以培养行棋的感觉，对于提高棋艺水平大有裨益。

初学者做题时，往往比较茫然，不知道"着手"在哪里，而下一手对方又将回应在哪里。笔者在开始学习围棋时也有过这样的困惑，所以根据多年的教学经验，编写了这套《围棋基础自测1200题》。

本套书包含吃子篇、死活篇、对杀篇三册，每册408题。吃子、死活和对杀是围棋最基本的技能，吃子是各项技能的前提，死活是围棋对弈的核心，对杀是棋艺提高的台阶。只有掌握了这三项基本技能，才能继续学习布局、打入、定式、官子等更深入的知识。本套书不涉及大局观等全局概念，只研究局部的拼杀，并以此为基础，帮助爱好者向更高深的领域进军。

本套书的特点如下。

①从零基础开始，在难度上无门槛，初学者上手快，可增强信心，随后逐步

提升难度。非常适合初学者自我强化练习。

②全部使用图解式答案，尽量不用文字注解，儿童可轻松学习。

③答案详细。本套书将正解图和失败图尽可能展现给读者。目的有四：第一，正解图中包含了围棋的棋理，变化图和失败图也包含着一定的棋理；第二，不管是研究正解图还是失败图，都会有收获，研究失败图也是长棋的一种途径；第三，失败图的着点都是初学者经常走出来的，读者可以此为鉴；第四，详细的解析也便于学生、家长及自学围棋的爱好者参考。

初学者可根据棋力提升的速度安排做题的进度。刚入门时，可做一些简单的吃子练习，当正确率比较高时，可以相应地做一些死活、对杀练习。这样循序渐进，螺旋式上升，既减少了做题过程中的枯燥感，又避免了棋艺上升时可能出现的瓶颈期，更能够接触不同的题型，有利于实战应用，一举多得。

本套书在编写过程中得到了李恩国、罗季雄、王文涛、韩载鸣、彭宁辉、李铮宙、赵博、韩洋、张春梅、齐庆恩、齐树森、马玉兰、马玉华、马玉艳、慕万增、马玉梅、罗野、罗岩、高素春、狄春红、齐飞、齐成、罗小雷、罗宇轩等同仁及亲友的支持与帮助，在此一并表示感谢。

·本书使用说明·

本套书中的练习题都是黑先。正解答案都是黑棋净吃白子或避免被白棋吃掉棋筋或成功逃子。如果走成打劫或双活等结果，则会被判为失败。随着题目难度的加大、爱好者棋力的提高，答案中一些过于简单的失败变化就不再收入其中了。

爱好者若对照答案发现自己解题的着点在书上找不到时，一般是因为此点为"无理手"，视做错误答案，可重新寻找合理的着点。

吃子题只要达到吃掉对方棋子的目的就可以，不必考虑死活、对杀等方面的问题。

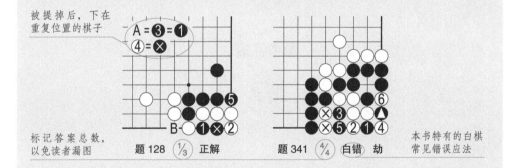

①×子为提掉的子，▲为打劫的子，其余重复落位的子用■○等表示。

②A、B两点不是先A后B的次序。它们的含义是下一手若一方走了A点，另一方就走B点；若一方走了B点，另一方就走A点。

③"劫"是打劫的简称，"双"是双活的简称，"盘四"是盘角曲四的简称。

虽然笔者很想把全部答案写进书中，但因为围棋的变化太多，无法也不可能做到穷尽所有。所以也有照顾不到的地方，有些不太重要的答案也只能忍痛割爱，书中的答案仅供参考。

目录

自测题

吃子是围棋初学者必须掌握的内容，它是学习围棋的第一个阶段，也是打开围棋大门的第一把钥匙。掌握了吃子方法，也就迈出了进入围棋殿堂的第一步。

吃子的方法有双打吃、抱吃、关门吃、征吃(扭羊头)、枷吃、倒扑、接不归等。有时人们也把抱吃和关门吃合起来统称为闷吃。

吃子方法虽然有很多种，但它们遵循的原则有以下四条。掌握了这四条原则，再运用吃子方法就简单多了。吃子原则如下。

①找对目标吃弱子(弱子的特点是只有两到三口气)。

②二线往一线打吃(征吃到最后也要这样做)。

③向自己有子的方向打吃。

④通常先打吃多的棋子。这一条是针对初学者提出的，随着棋力水平的提高，我们将逐渐学习"要子"(棋筋)与"废子"，这时就要遵循先吃要子(棋筋)的原则了。

本书也包含了一些逃子题，逃子在学习围棋过程中也是一项重要的课题。黑白双方都可以利用对方的弱点进行逃子，取得利益。它与吃子是相辅相成的，都能帮助我们更好地提升棋艺水平。

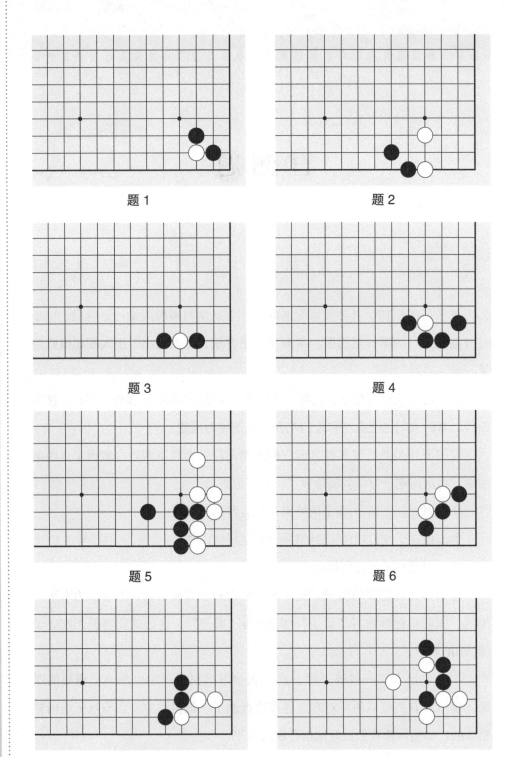

题 1

题 2

题 3

题 4

题 5

题 6

题 7

题 8

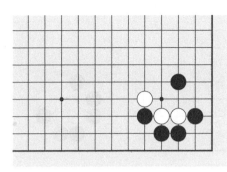

题 9

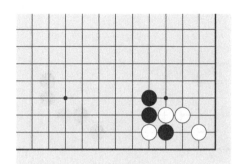

题 10

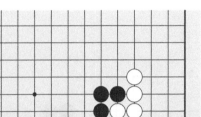

题 11

题 12

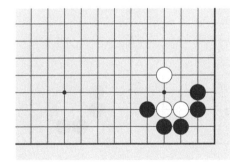

题 13

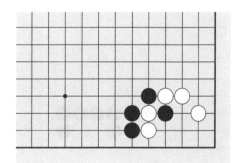

题 14

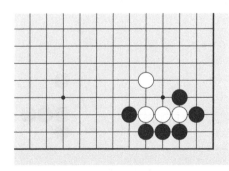

题 15

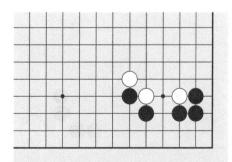

题 16

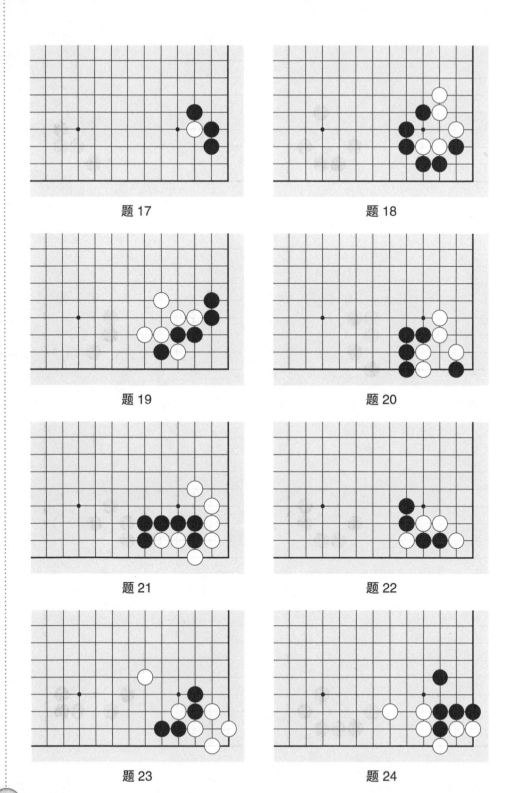

题 17

题 18

题 19

题 20

题 21

题 22

题 23

题 24

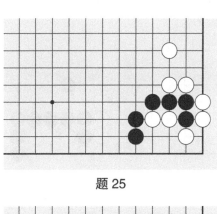

题 25

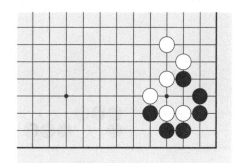

题 26

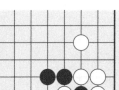

题 27

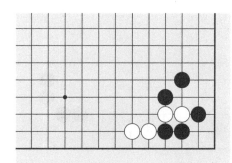

题 28

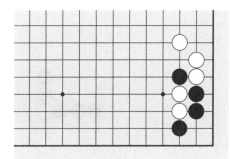

题 29

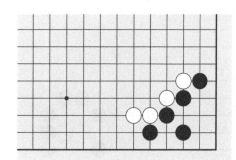

题 30

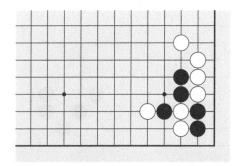

题 31

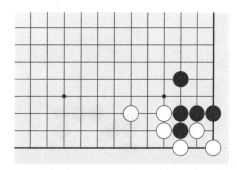

题 32

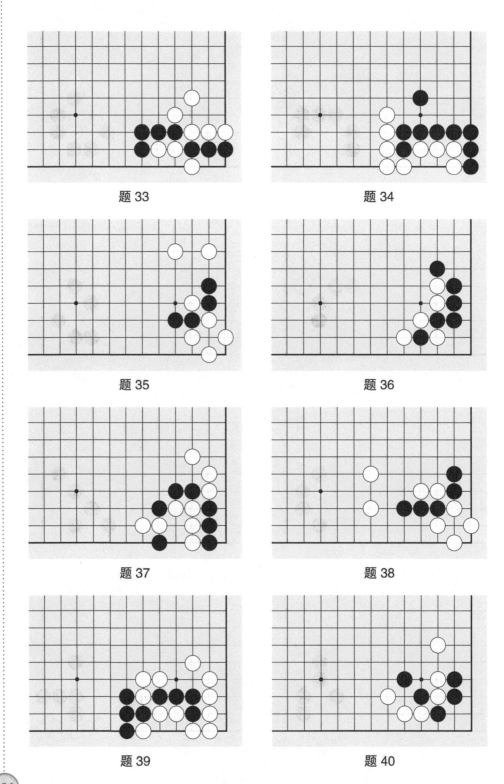

题 33

题 34

题 35

题 36

题 37

题 38

题 39

题 40

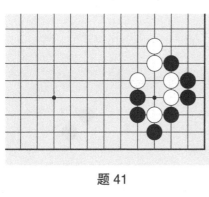

题 41

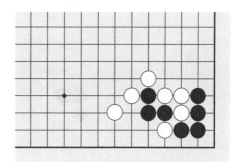

题 42

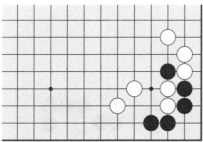

题 43

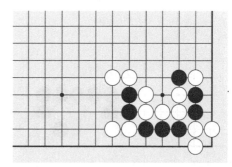

题 44

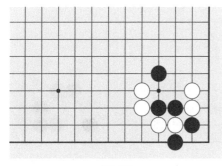

题 45

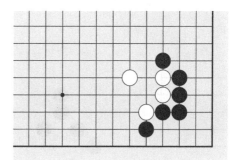

题 46

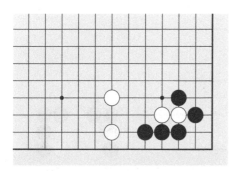

题 47

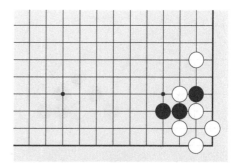

题 48

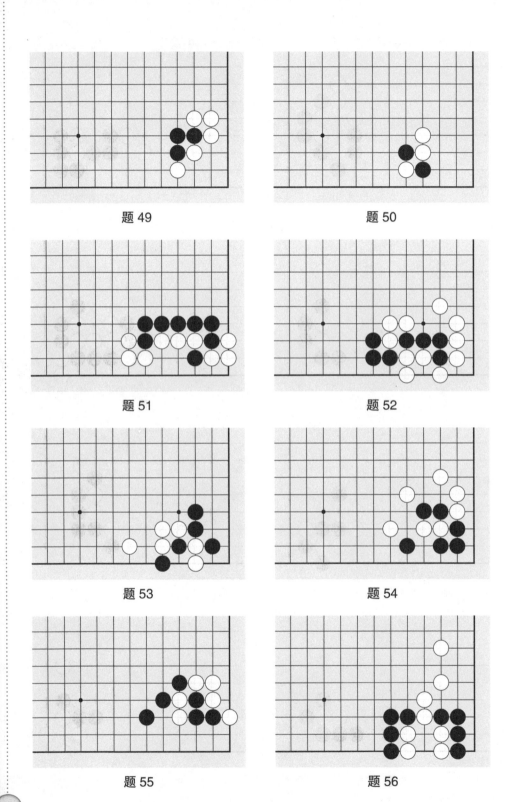

题 49

题 50

题 51

题 52

题 53

题 54

题 55

题 56

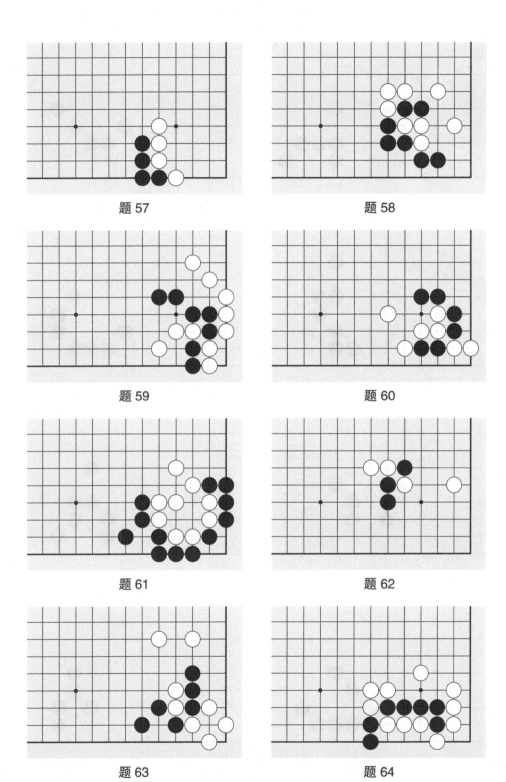

题 57

题 58

题 59

题 60

题 61

题 62

题 63

题 64

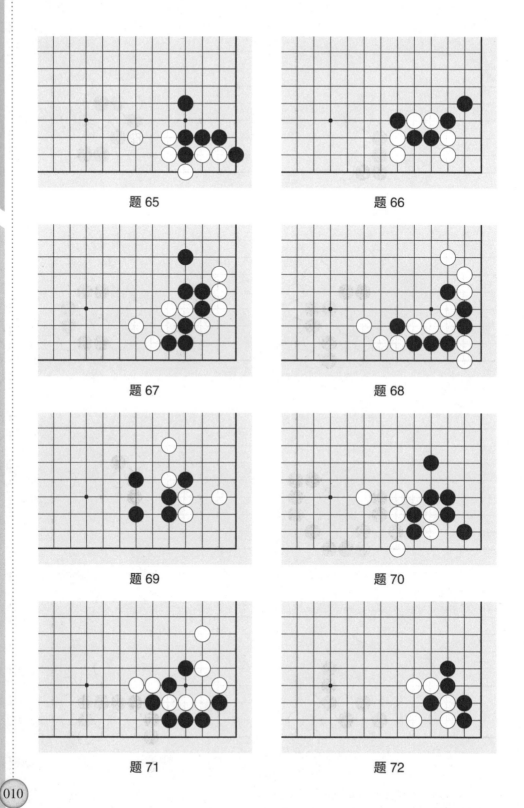

题 65

题 66

题 67

题 68

题 69

题 70

题 71

题 72

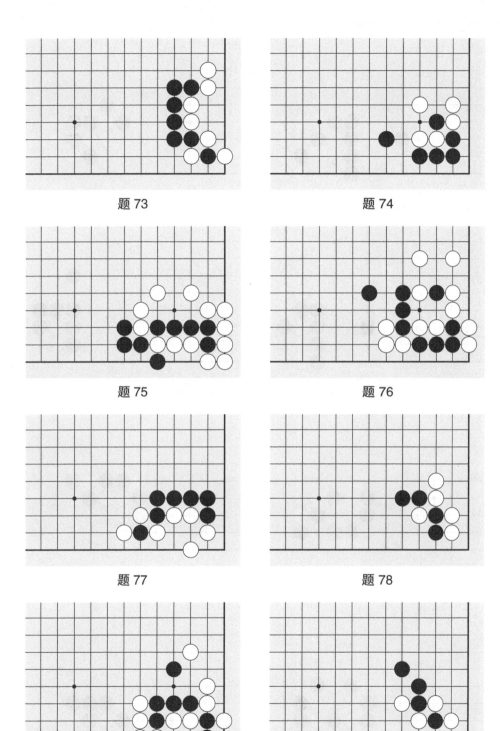

题 73

题 74

题 75

题 76

题 77

题 78

题 79

题 80

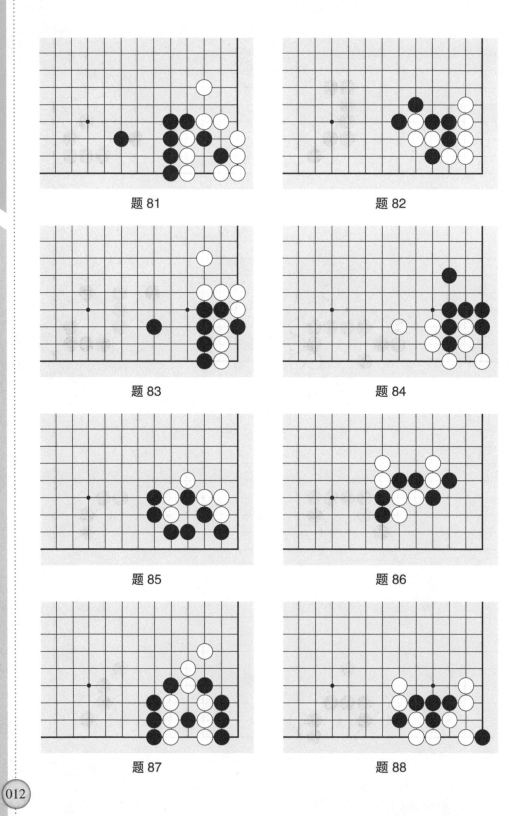

题 81

题 82

题 83

题 84

题 85

题 86

题 87

题 88

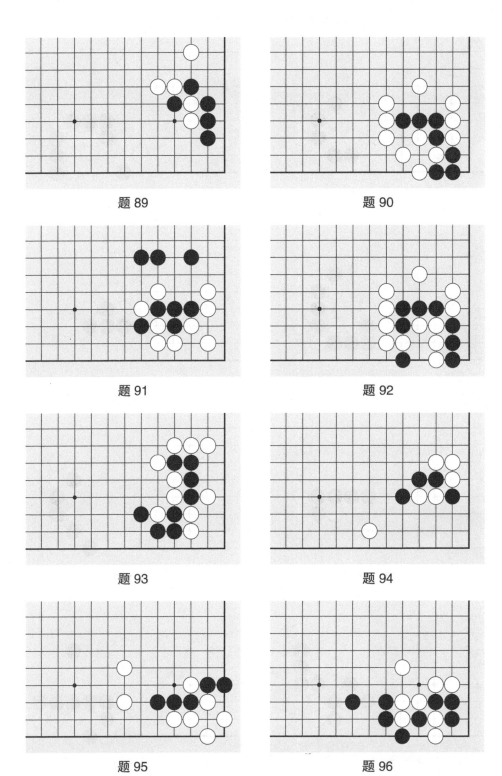

題 89

題 90

題 91

題 92

題 93

題 94

題 95

題 96

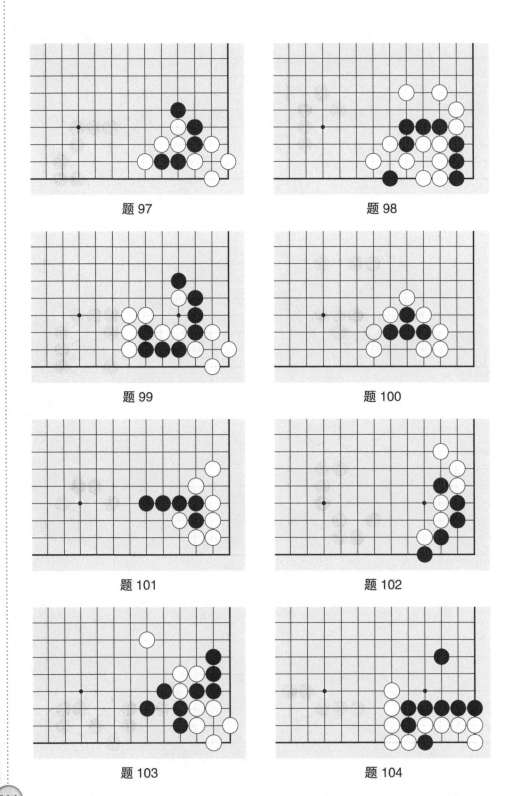

题 97

题 98

题 99

题 100

题 101

题 102

题 103

题 104

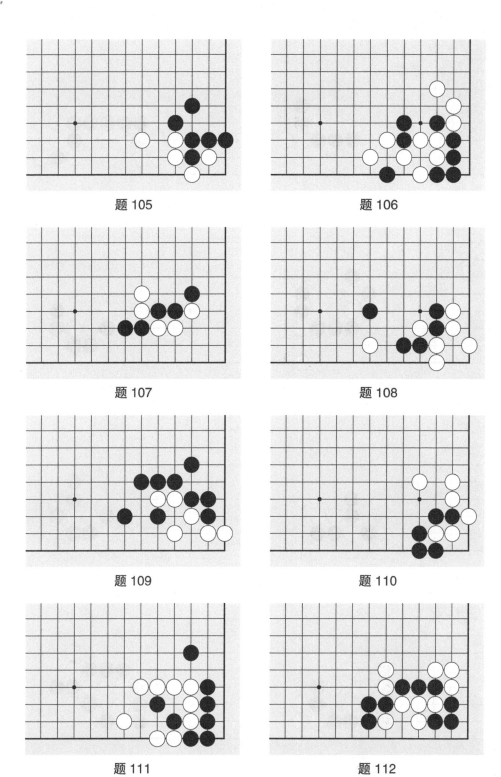

题 105

题 106

题 107

题 108

题 109

题 110

题 111

题 112

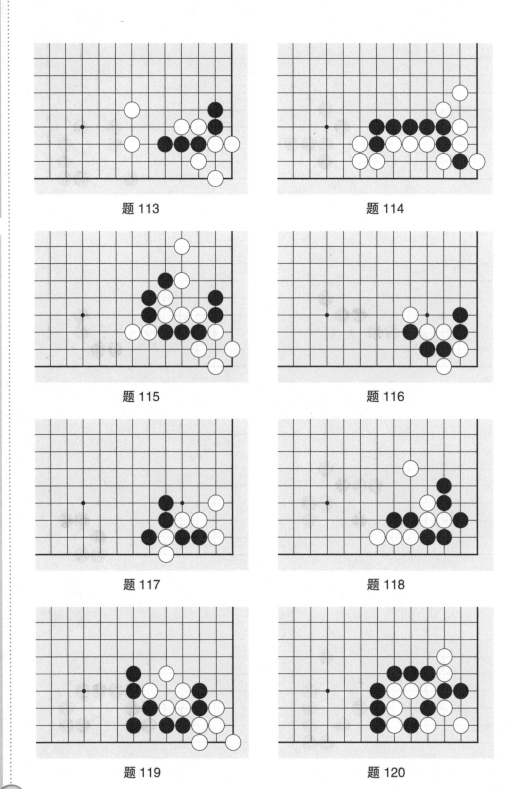

题 113   题 114

题 115   题 116

题 117   题 118

题 119   题 120

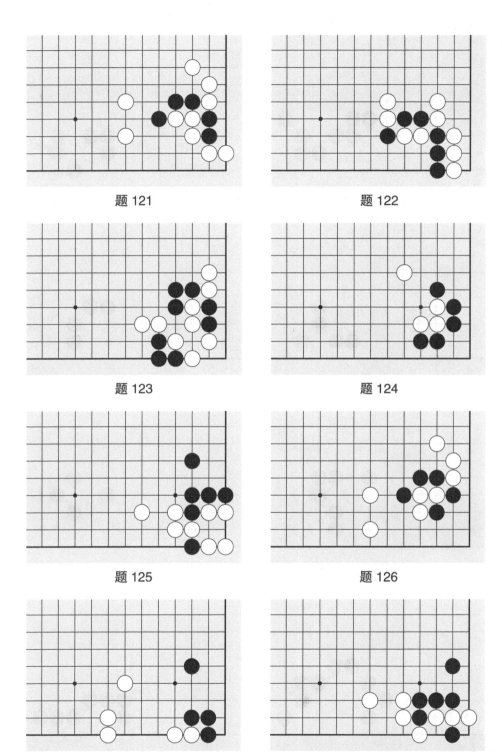

题 121

题 122

题 123

题 124

题 125

题 126

题 127

题 128

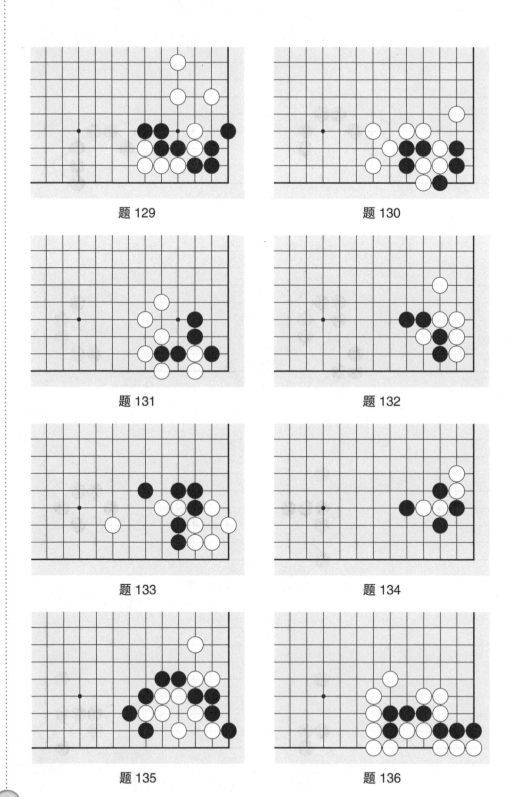

题 129

题 130

题 131

题 132

题 133

题 134

题 135

题 136

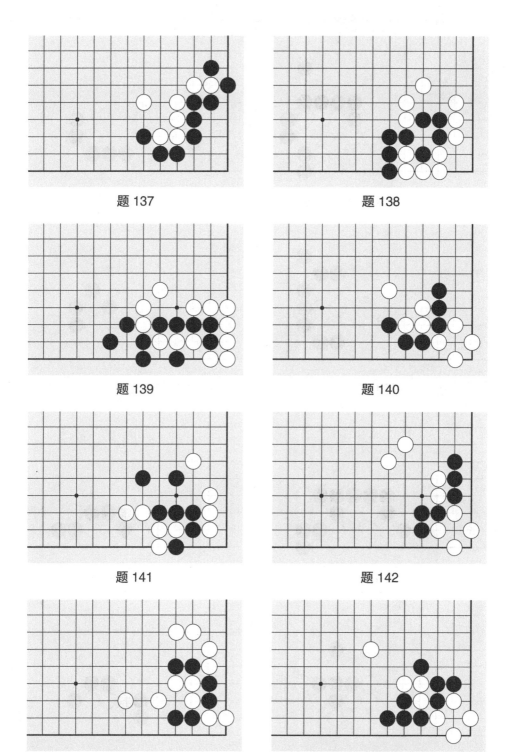

题 137

题 138

题 139

题 140

题 141

题 142

题 143

题 144

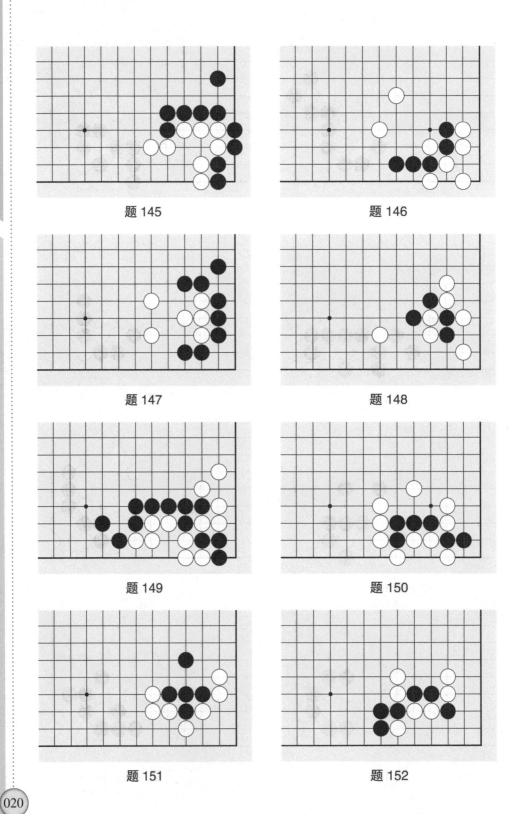

題 145

題 146

題 147

題 148

題 149

題 150

題 151

題 152

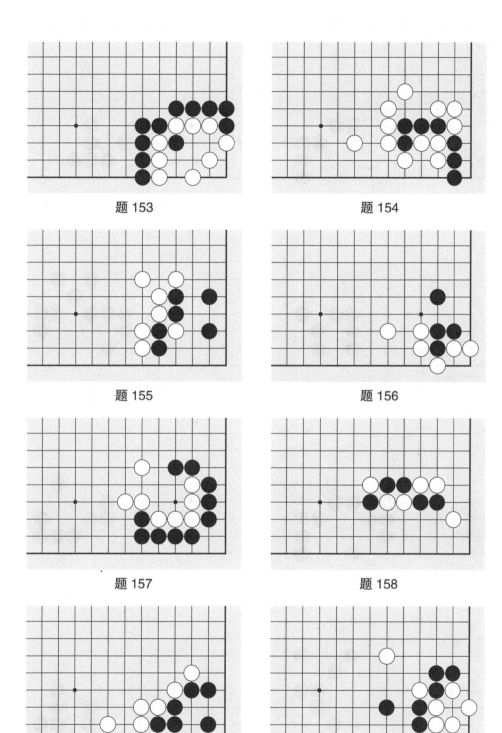

题 153

题 154

题 155

题 156

题 157

题 158

题 159

题 160

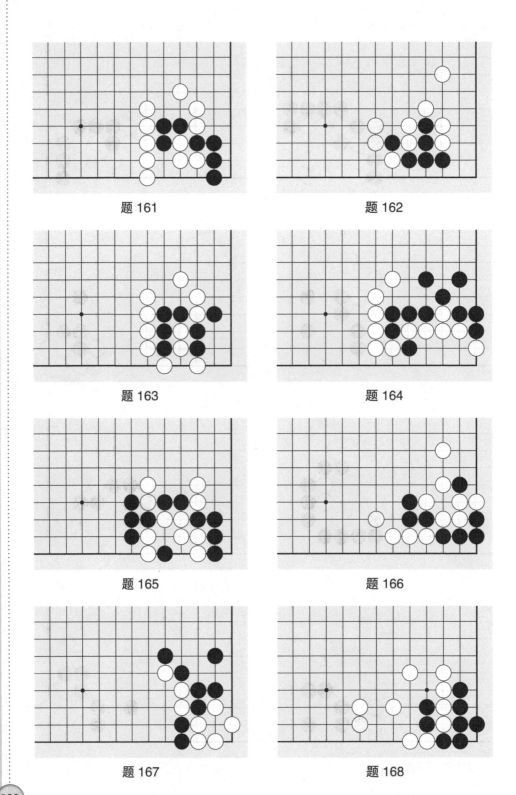

题 161

题 162

题 163

题 164

题 165

题 166

题 167

题 168

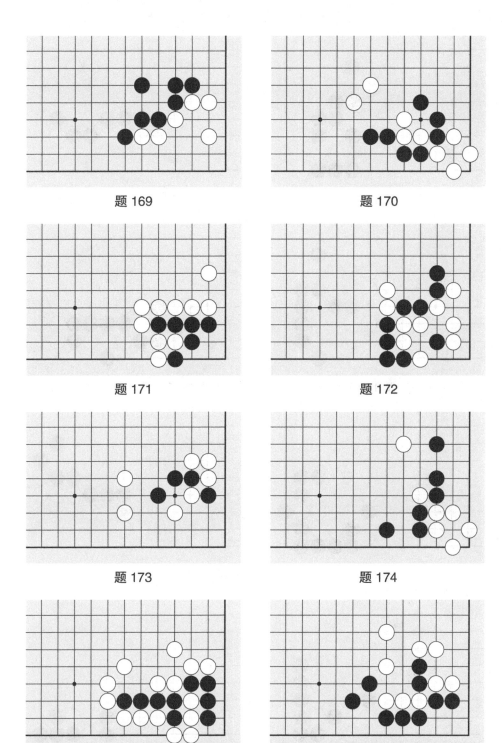

题 169

题 170

题 171

题 172

题 173

题 174

题 175

题 176

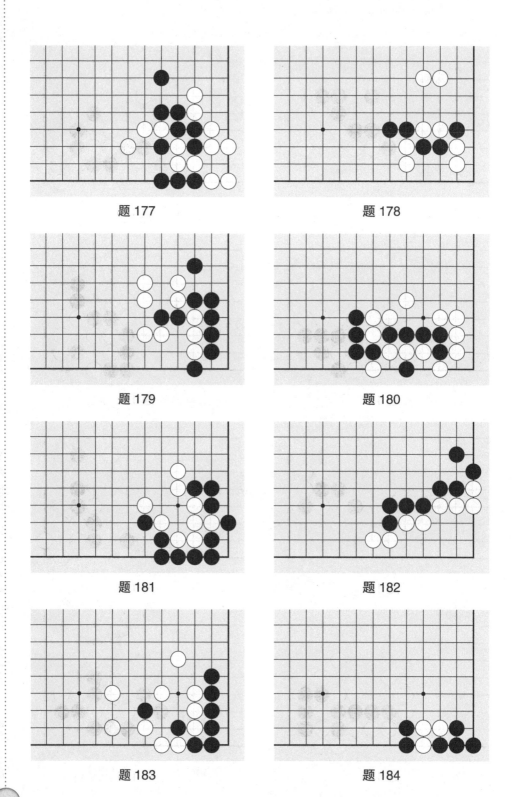

题 177

题 178

题 179

题 180

题 181

题 182

题 183

题 184

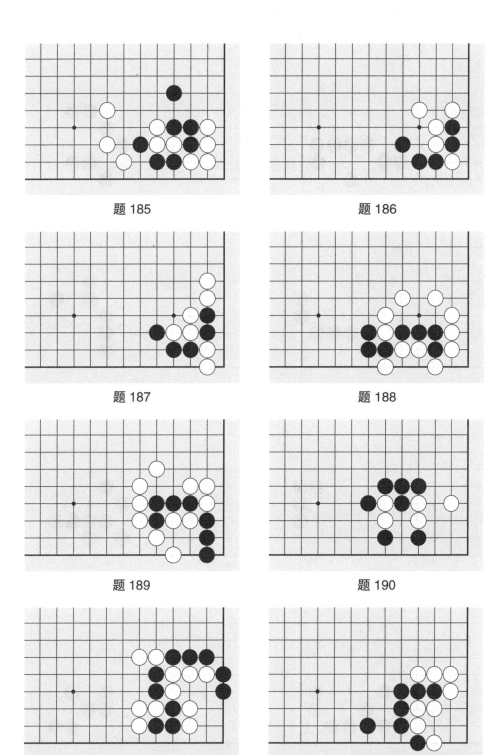

题 185

题 186

题 187

题 188

题 189

题 190

题 191

题 192

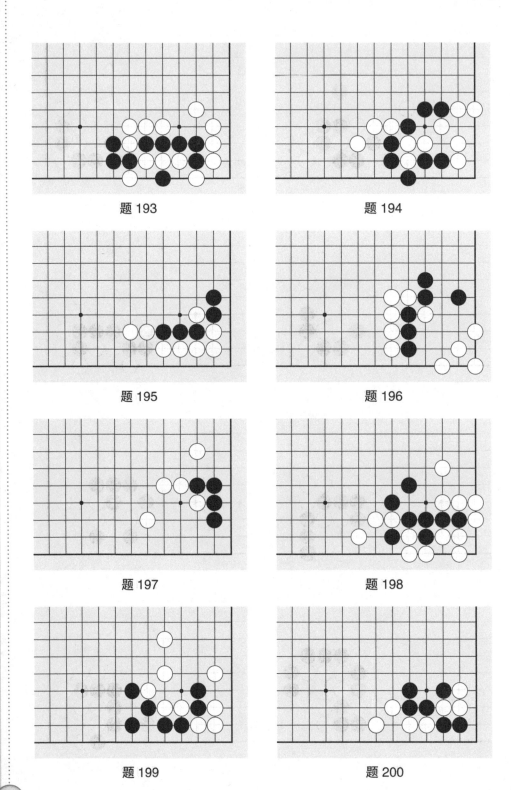

题 193

题 194

题 195

题 196

题 197

题 198

题 199

题 200

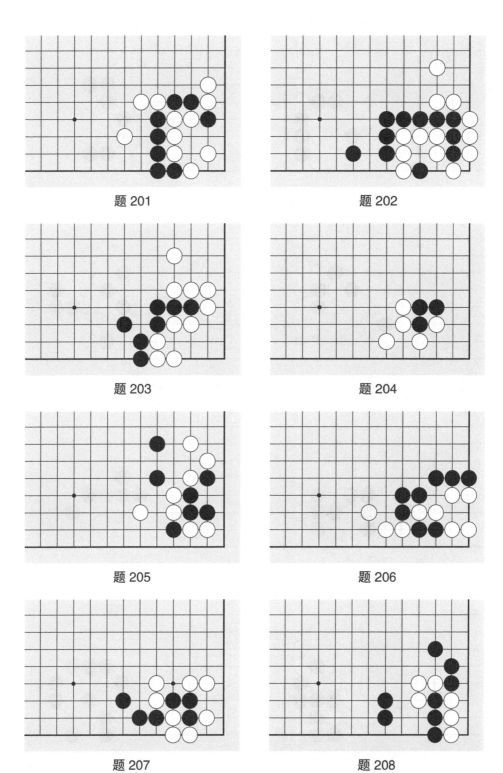

题 201　　　　　　　　　　题 202

题 203　　　　　　　　　　题 204

题 205　　　　　　　　　　题 206

题 207　　　　　　　　　　题 208

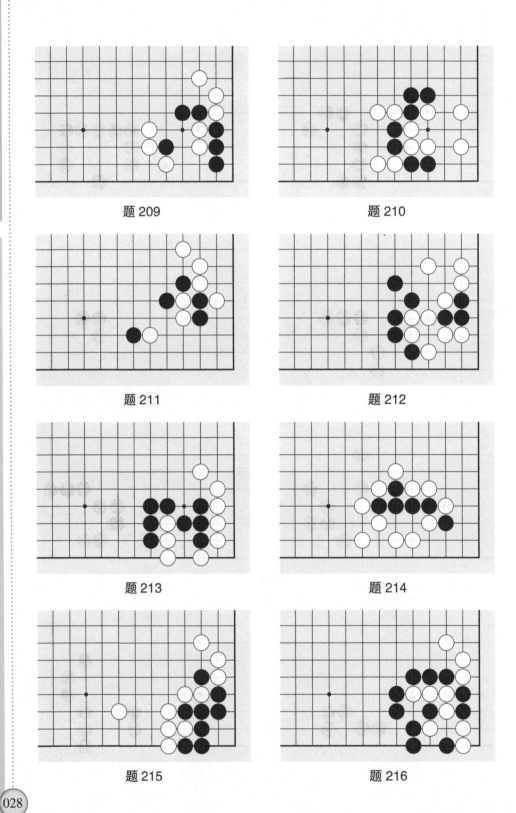

题 209

题 210

题 211

题 212

题 213

题 214

题 215

题 216

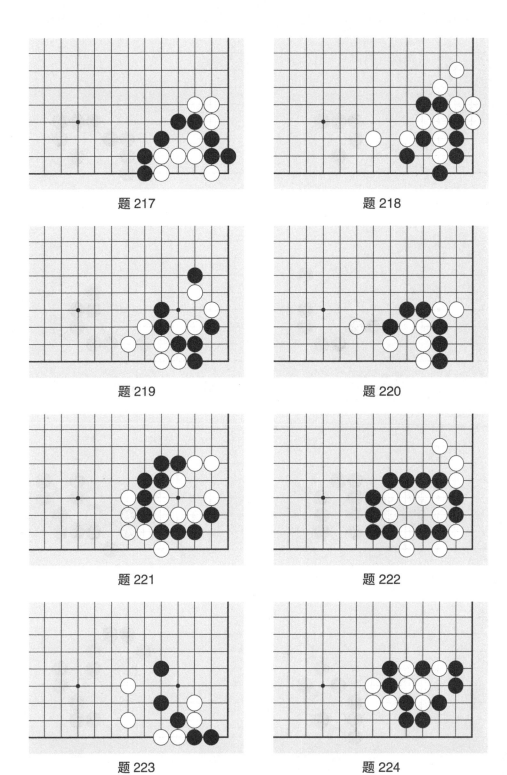

题 217

题 218

题 219

题 220

题 221

题 222

题 223

题 224

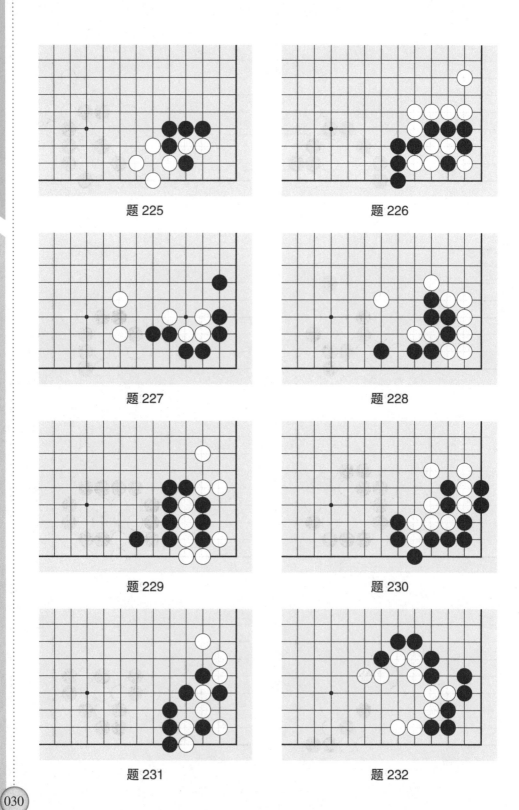

题 225

题 226

题 227

题 228

题 229

题 230

题 231

题 232

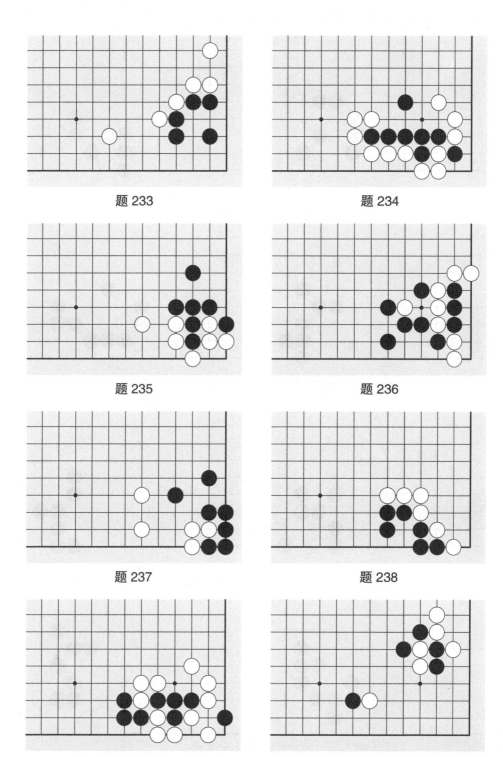

題 233

題 234

題 235

題 236

題 237

題 238

題 239

題 240

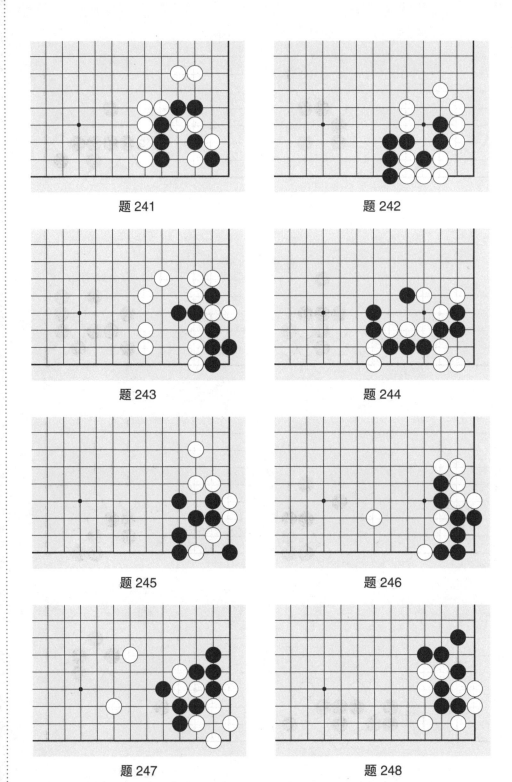

题 241

题 242

题 243

题 244

题 245

题 246

题 247

题 248

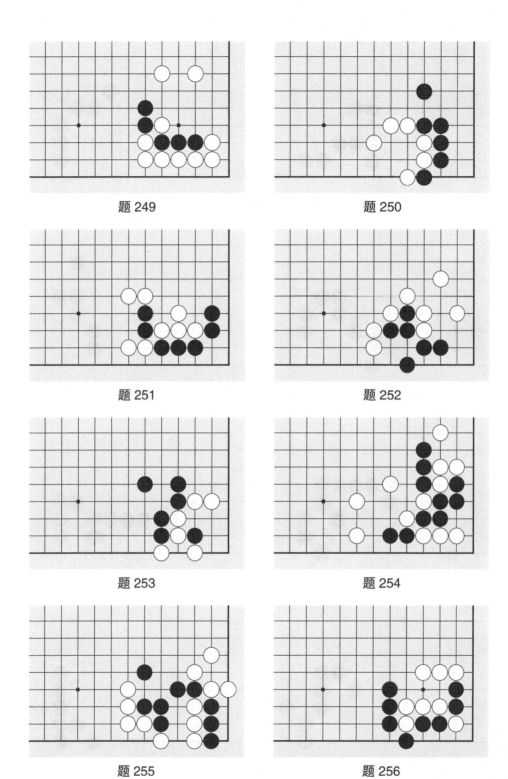

題 249

題 250

題 251

題 252

題 253

題 254

題 255

題 256

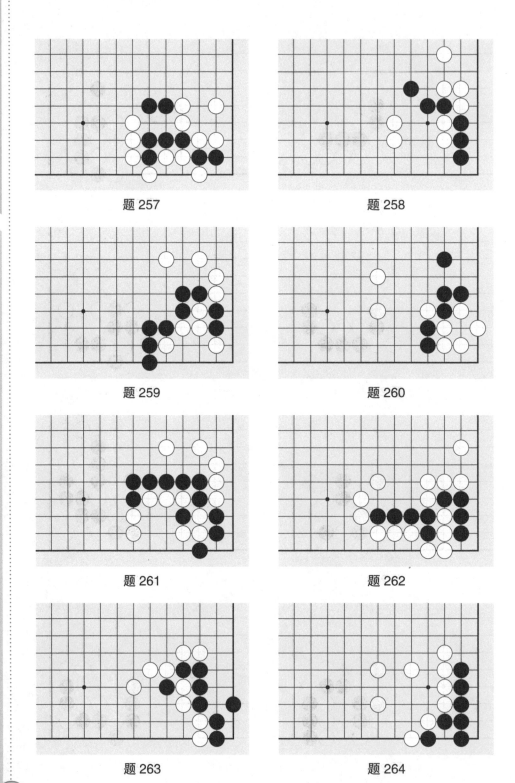

题 257

题 258

题 259

题 260

题 261

题 262

题 263

题 264

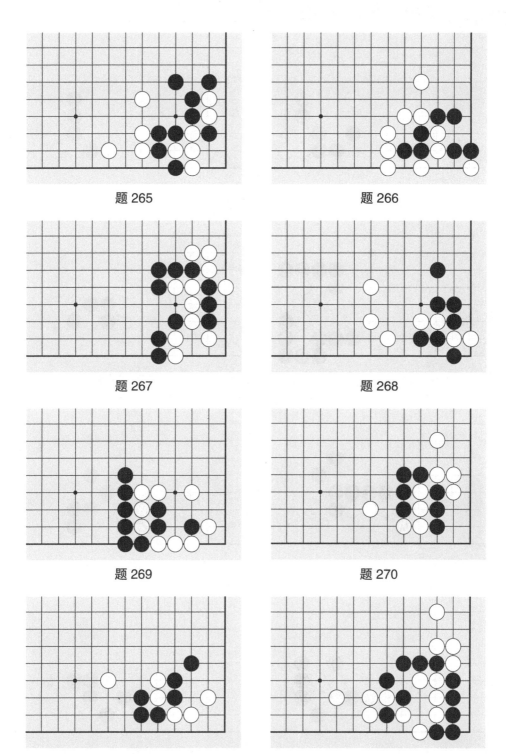

题 265

题 266

题 267

题 268

题 269

题 270

题 271

题 272

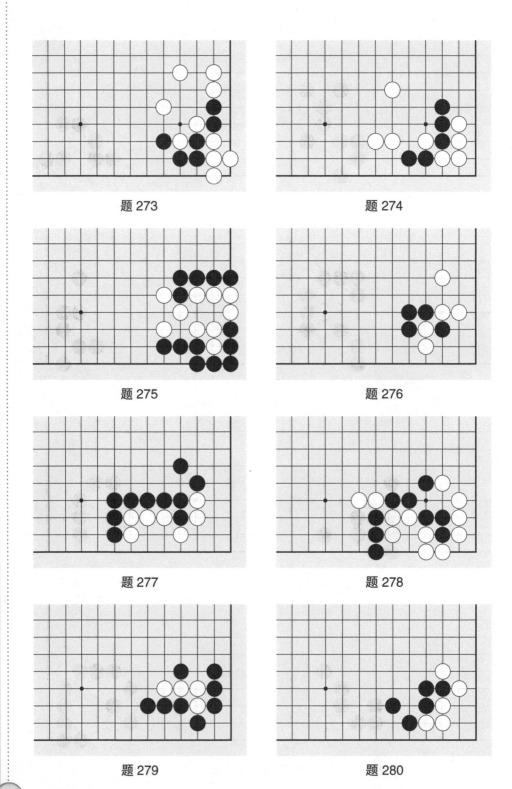

题 273　　　　　　　　　　题 274

题 275　　　　　　　　　　题 276

题 277　　　　　　　　　　题 278

题 279　　　　　　　　　　题 280

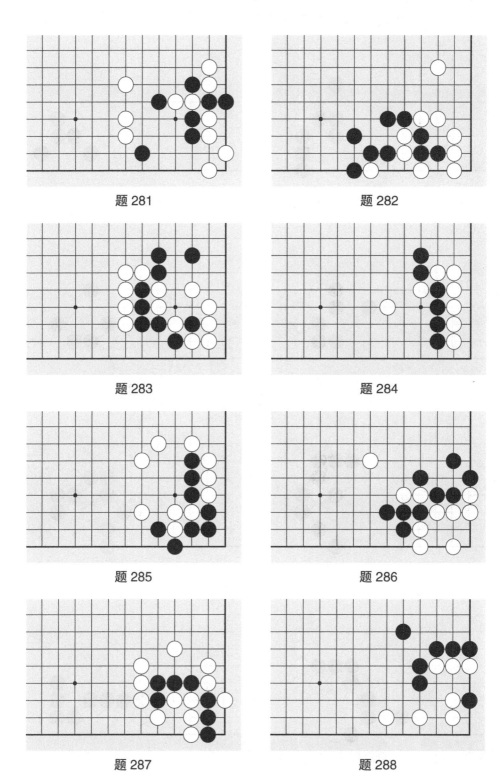

题 281

题 282

题 283

题 284

题 285

题 286

题 287

题 288

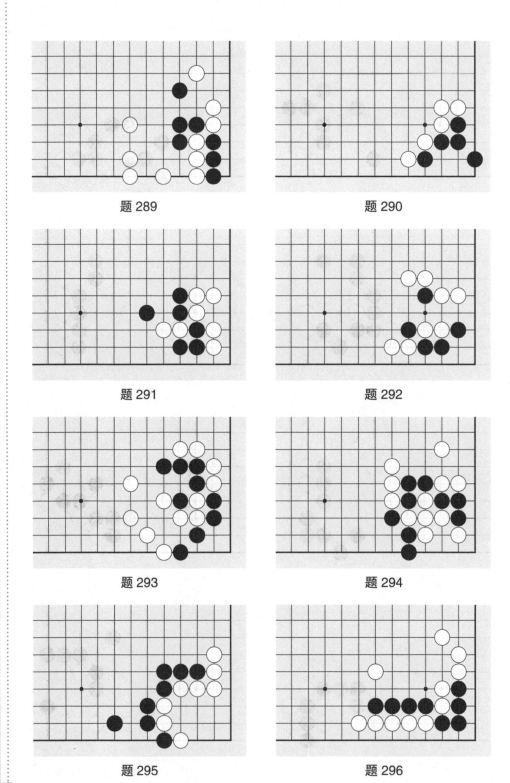

题 289

题 290

题 291

题 292

题 293

题 294

题 295

题 296

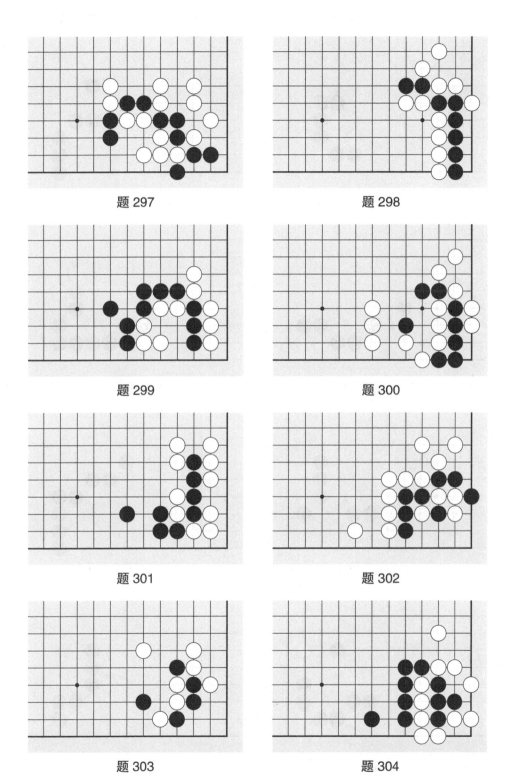

題 297

題 298

題 299

題 300

題 301

題 302

題 303

題 304

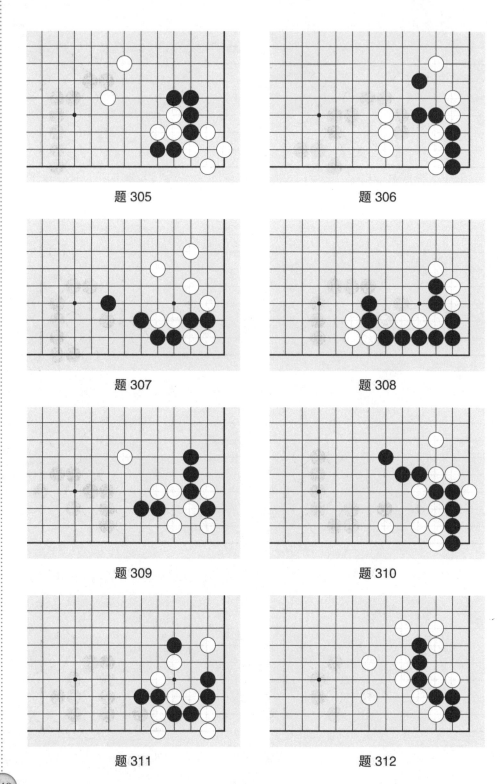

题 305　　　　　　　　　　题 306

题 307　　　　　　　　　　题 308

题 309　　　　　　　　　　题 310

题 311　　　　　　　　　　题 312

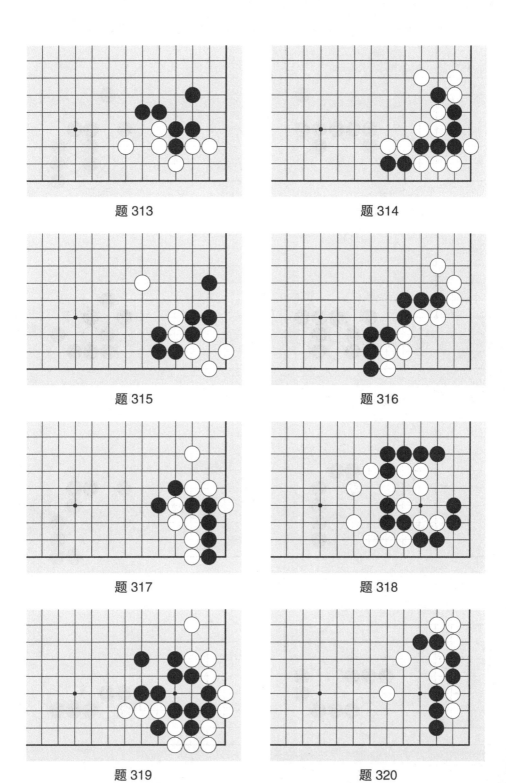

题 313

题 314

题 315

题 316

题 317

题 318

题 319

题 320

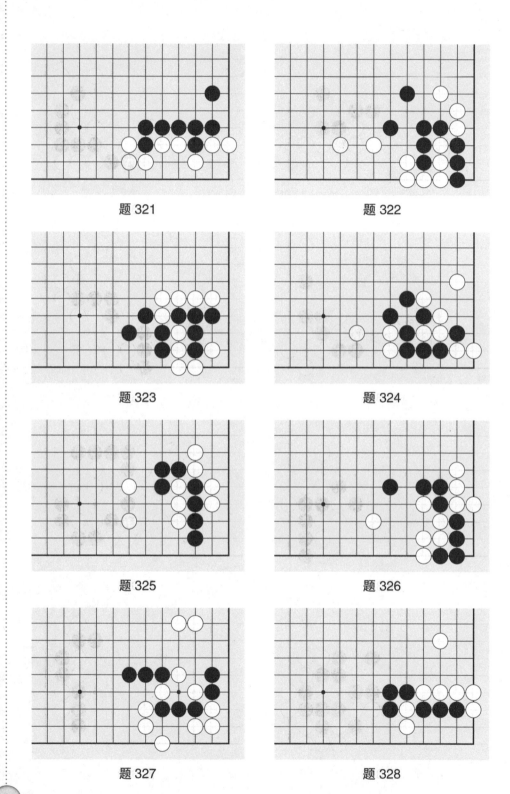

题 321

题 322

题 323

题 324

题 325

题 326

题 327

题 328

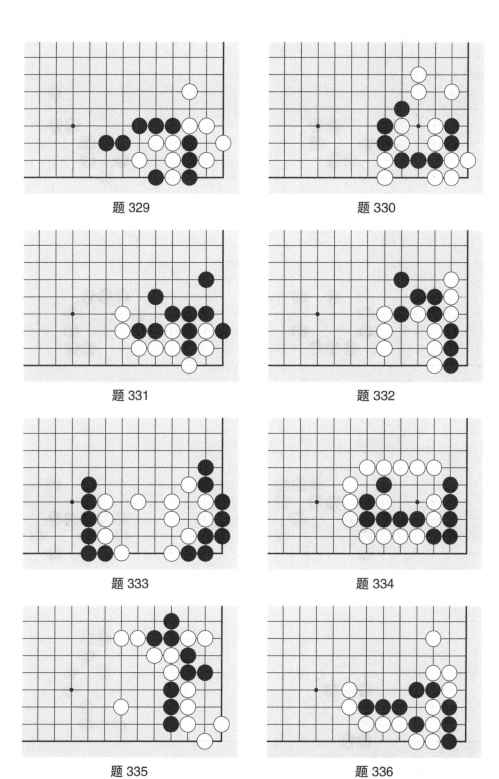

题 329

题 330

题 331

题 332

题 333

题 334

题 335

题 336

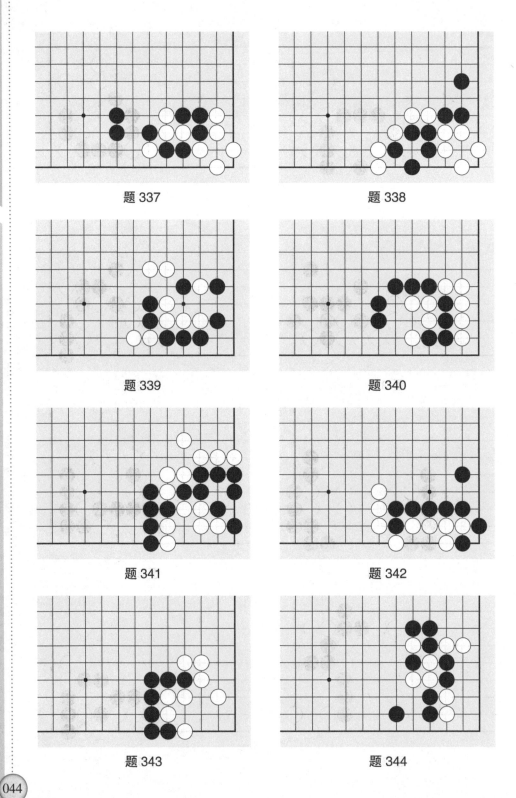

题 337

题 338

题 339

题 340

题 341

题 342

题 343

题 344

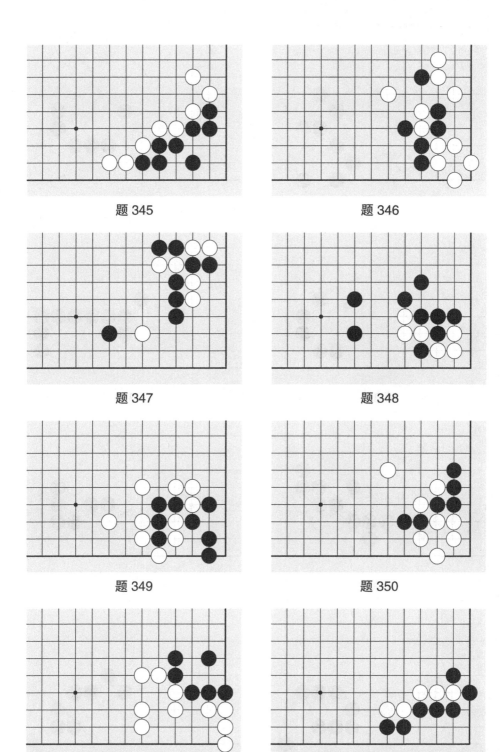

題 345

題 346

題 347

題 348

題 349

題 350

題 351

題 352

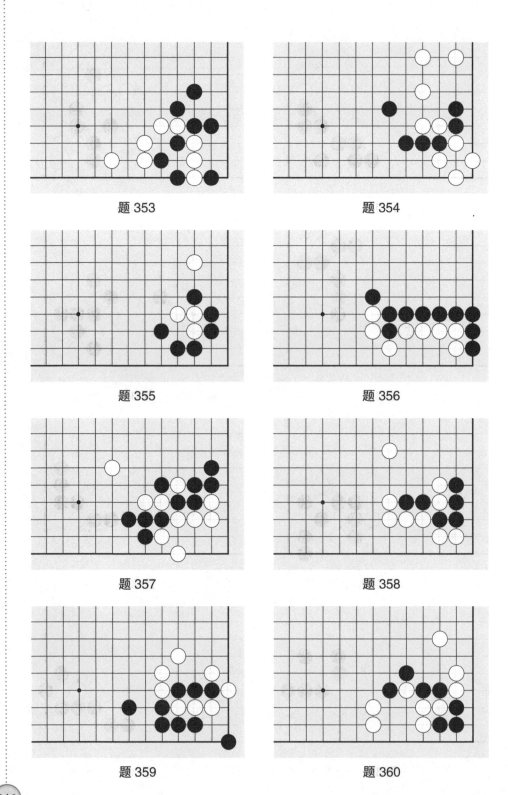

题 353

题 354

题 355

题 356

题 357

题 358

题 359

题 360

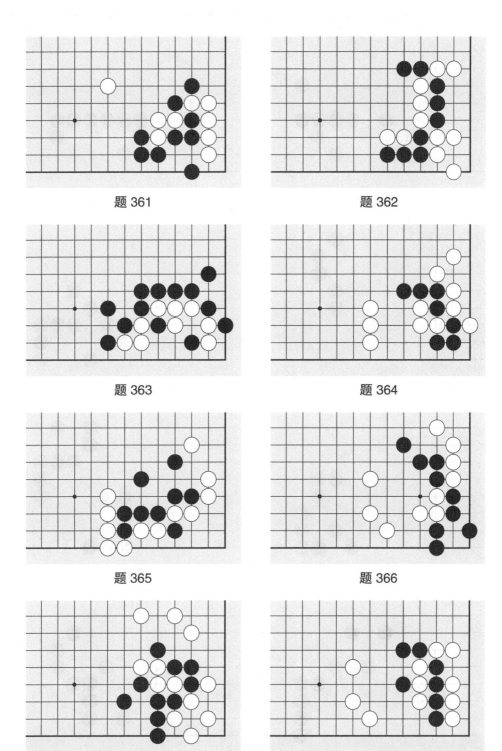

题 361

题 362

题 363

题 364

题 365

题 366

题 367

题 368

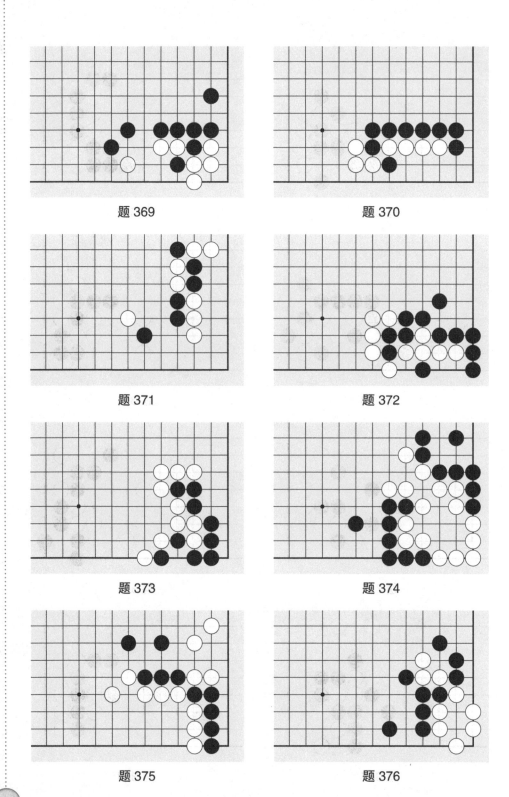

题 369

题 370

题 371

题 372

题 373

题 374

题 375

题 376

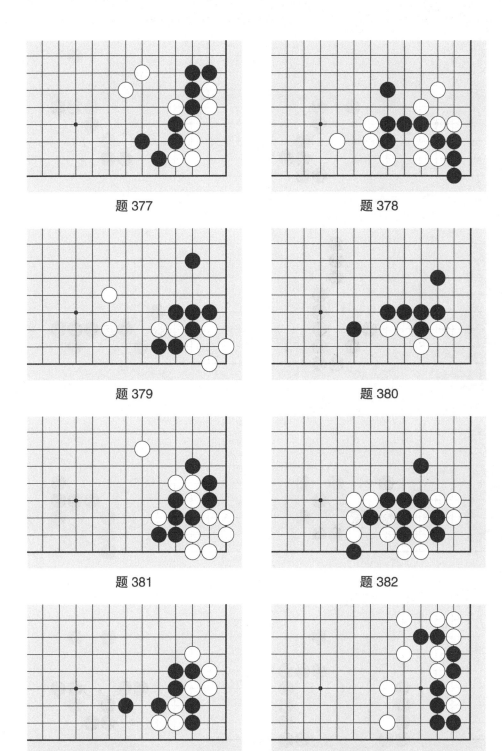

題 377

題 378

題 379

題 380

題 381

題 382

題 383

題 384

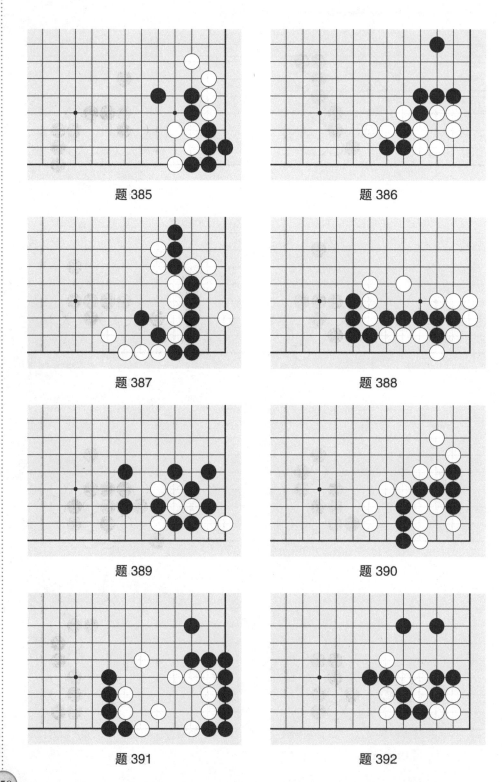

题 385

题 386

题 387

题 388

题 389

题 390

题 391

题 392

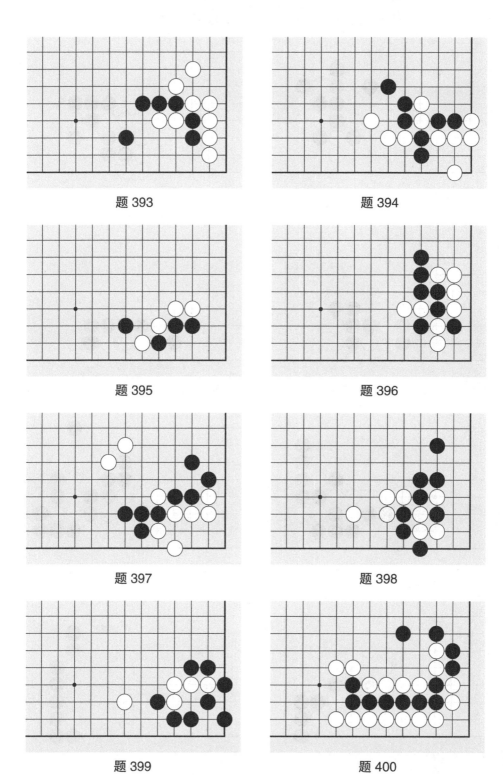

題 393

題 394

題 395

題 396

題 397

題 398

題 399

題 400

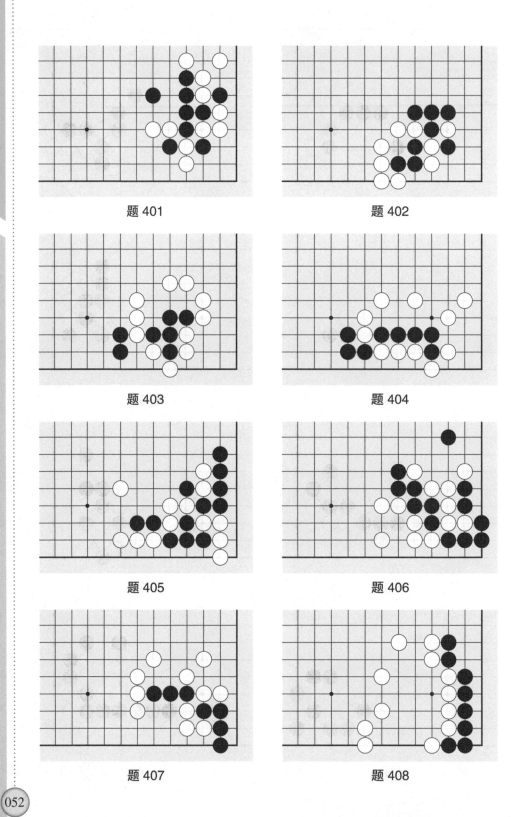

题 401

题 402

题 403

题 404

题 405

题 406

题 407

题 408

参考答案

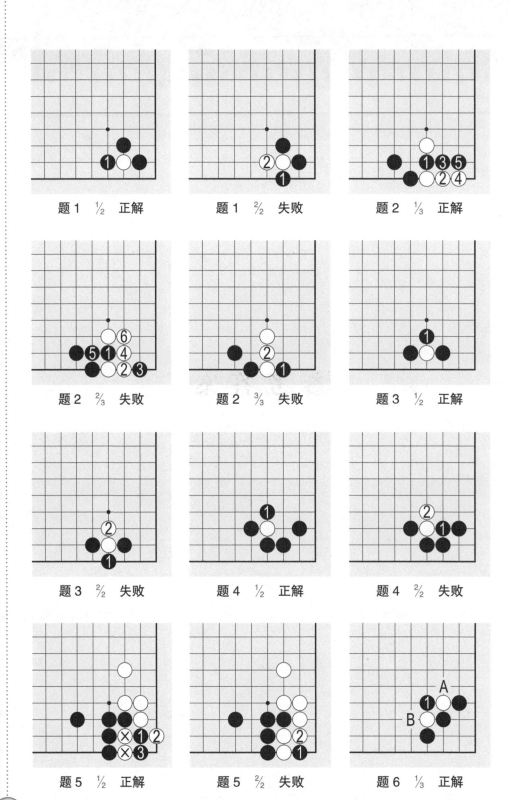

题1 ½ 正解　　　题1 ²⁄₂ 失败　　　题2 ⅓ 正解

题2 ²⁄₃ 失败　　　题2 ³⁄₃ 失败　　　题3 ½ 正解

题3 ²⁄₂ 失败　　　题4 ½ 正解　　　题4 ²⁄₂ 失败

题5 ½ 正解　　　题5 ²⁄₂ 失败　　　题6 ⅓ 正解

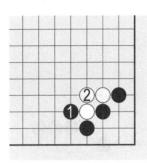

题6 ²⁄₃ 失败

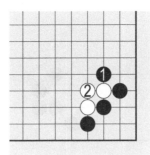

题6 ³⁄₃ 失败

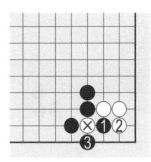

题7 ¹⁄₅ 正解

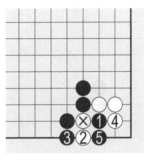

题7 ²⁄₅ 变化

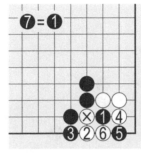

题7 ³⁄₅ 变化

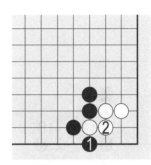

题7 ⁴⁄₅ 失败

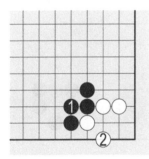

题7 ⁵⁄₅ 失败

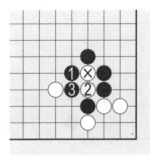

题8 ¹⁄₂ 正解

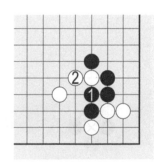

题8 ²⁄₂ 失败

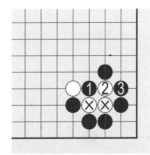

题9 ¹⁄₂ 正解

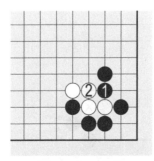

题9 ²⁄₂ 失败

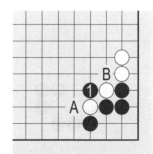

题10 ¹⁄₃ 正解

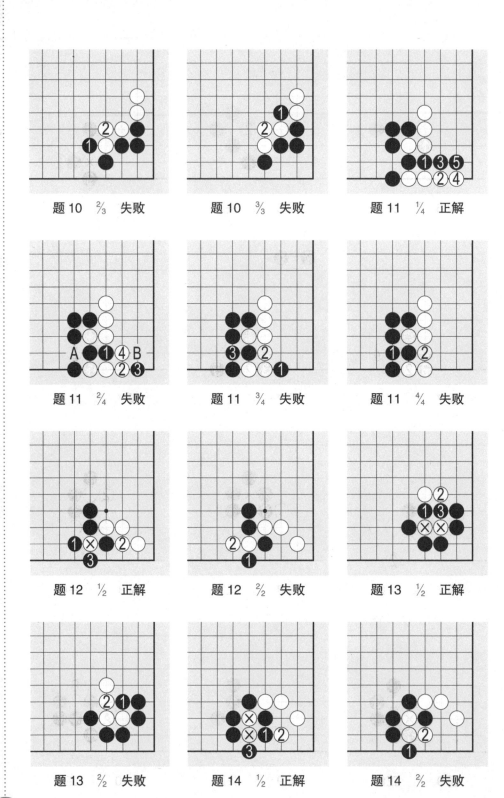

题10 ²⁄₃ 失败　　　题10 ³⁄₃ 失败　　　题11 ¹⁄₄ 正解

题11 ²⁄₄ 失败　　　题11 ³⁄₄ 失败　　　题11 ⁴⁄₄ 失败

题12 ¹⁄₂ 正解　　　题12 ²⁄₂ 失败　　　题13 ¹⁄₂ 正解

题13 ²⁄₂ 失败　　　题14 ¹⁄₂ 正解　　　题14 ²⁄₂ 失败

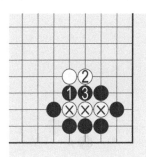

题15 ⅓ 正解

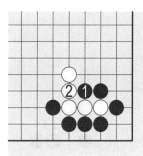

题15 ²⁄₃ 失败

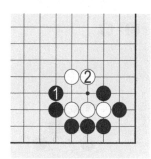

题15 ³⁄₃ 失败

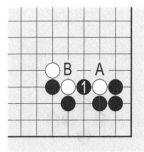

题16 ½ 正解

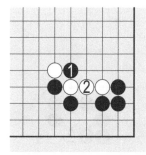

题16 ²⁄₂ 失败

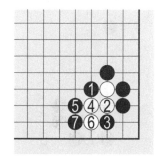

题17 ½ 正解

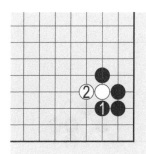

题17 ²⁄₂ 失败

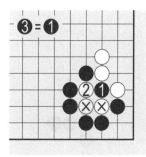

题18 ½ 正解

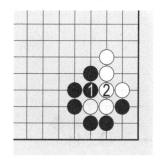

题18 ²⁄₂ 失败

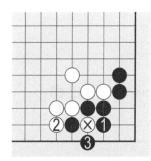

题19 ⅓ 正解

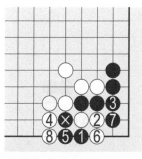

题19 ²⁄₃ 失败

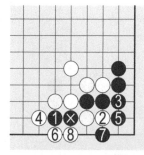

题19 ³⁄₃ 失败

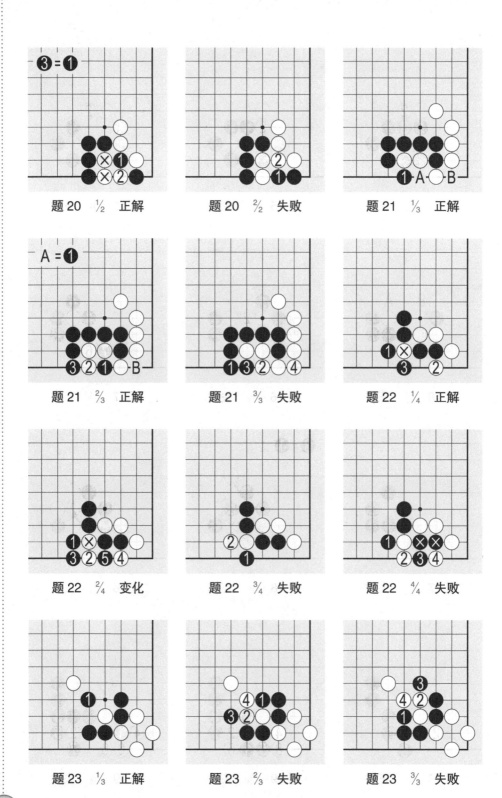

❸＝❶

题20 ½ 正解　　　题20 ²⁄₂ 失败　　　题21 ⅓ 正解

A＝❶

题21 ²⁄₃ 正解　　　题21 ³⁄₃ 失败　　　题22 ¼ 正解

题22 ²⁄₄ 变化　　　题22 ³⁄₄ 失败　　　题22 ⁴⁄₄ 失败

题23 ⅓ 正解　　　题23 ²⁄₃ 失败　　　题23 ³⁄₃ 失败

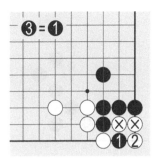

题 24 ½ 正解

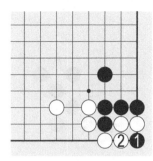

题 24 ²⁄₂ 失败

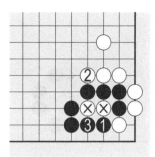

题 25 ½ 正解

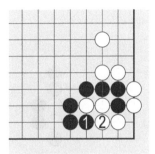

题 25 ²⁄₂ 失败

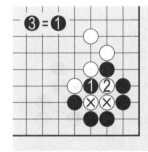

题 26 ½ 正解

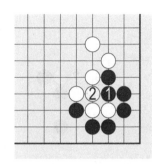

题 26 ²⁄₂ 失败

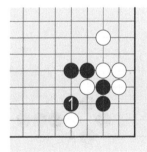

题 27 ⅓ 正解

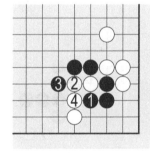

题 27 ²⁄₃ 失败

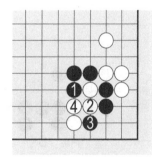

题 27 ³⁄₃ 失败

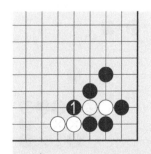

题 28 ½ 正解

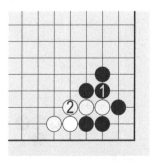

题 28 ²⁄₂ 失败

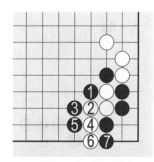

题 29 ½ 正解

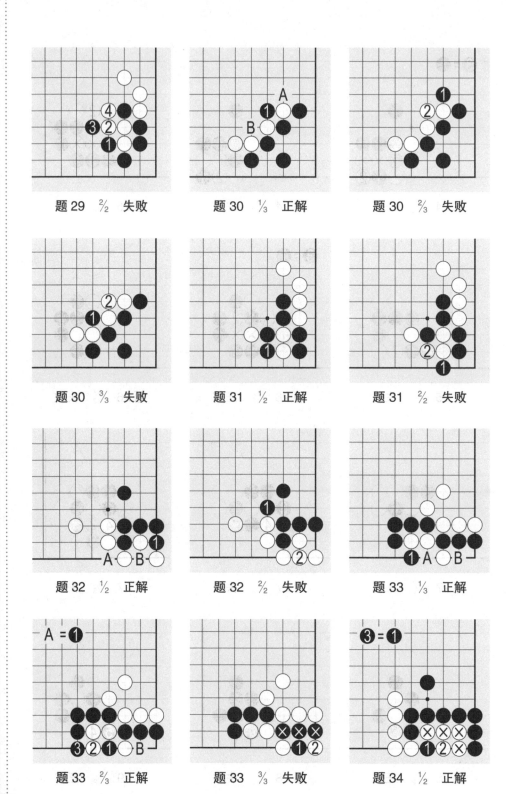

题29 ²⁄₂ 失败　　　题30 ⅓ 正解　　　题30 ²⁄₃ 失败

题30 ³⁄₃ 失败　　　题31 ½ 正解　　　题31 ²⁄₂ 失败

题32 ½ 正解　　　题32 ²⁄₂ 失败　　　题33 ⅓ 正解

A = ❶　　　　　　　　　　　　　　　　　❸ = ❶

题33 ²⁄₃ 正解　　　题33 ³⁄₃ 失败　　　题34 ½ 正解

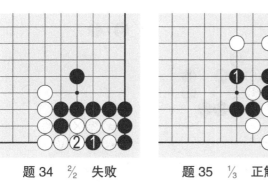

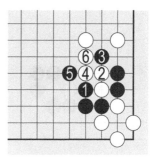

题 34　²⁄₂　失败　　　　　题 35　¹⁄₃　正解　　　　　题 35　²⁄₃　失败

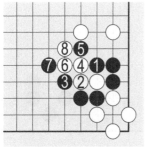

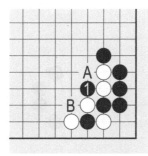

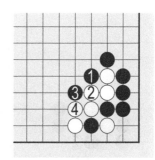

题 35　³⁄₃　失败　　　　　题 36　¹⁄₄　正解　　　　　题 36　²⁄₄　失败

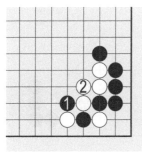

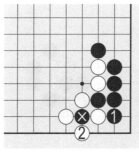

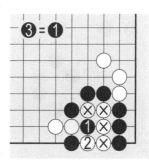

题 36　³⁄₄　失败　　　　　题 36　⁴⁄₄　失败　　　　　题 37　¹⁄₂　正解

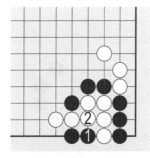

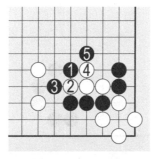

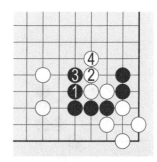

题 37　²⁄₂　失败　　　　　题 38　¹⁄₄　正解　　　　　题 38　²⁄₄　失败

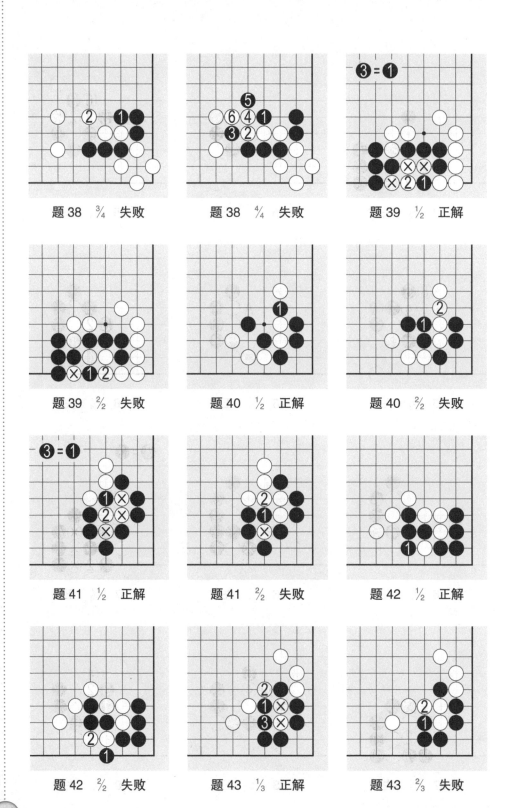

题38 ³⁄₄ 失败　　　题38 ⁴⁄₄ 失败　　　题39 ½ 正解

题39 ²⁄₂ 失败　　　题40 ½ 正解　　　题40 ²⁄₂ 失败

题41 ½ 正解　　　题41 ²⁄₂ 失败　　　题42 ½ 正解

题42 ²⁄₂ 失败　　　题43 ⅓ 正解　　　题43 ²⁄₃ 失败

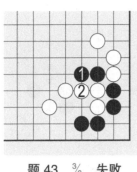

題 43 ³⁄₃ 失败

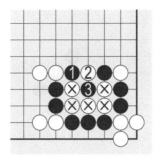

題 44 ½ 正解

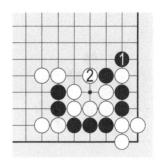

題 44 ²⁄₂ 失败

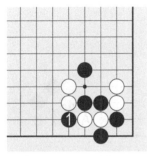

題 45 ¼ 正解

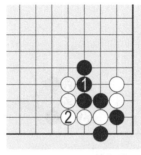

題 45 ²⁄₄ 失败

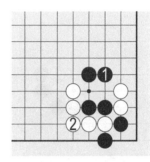

題 45 ³⁄₄ 失败

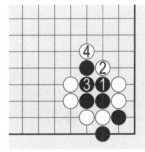

題 45 ⁴⁄₄ 失败

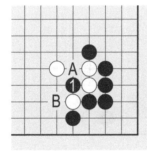

題 46 ⅓ 正解

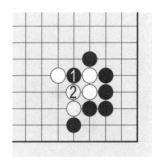

題 46 ⅔ 失败

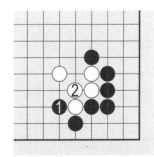

題 46 ³⁄₃ 失败

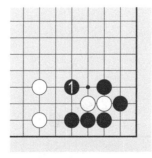

題 47 ⅓ 正解

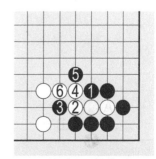

題 47 ⅔ 失败

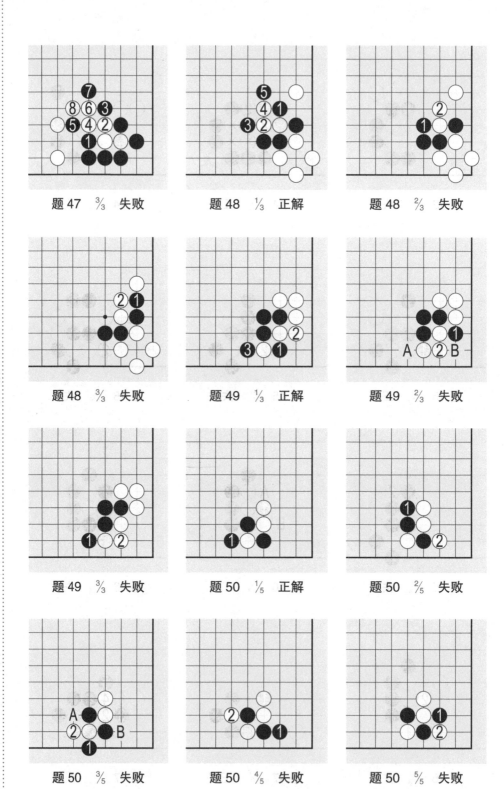

題 47 ³⁄₃ 失败　　　題 48 ¹⁄₃ 正解　　　題 48 ²⁄₃ 失败

題 48 ³⁄₃ 失败　　　題 49 ¹⁄₃ 正解　　　題 49 ²⁄₃ 失败

題 49 ³⁄₃ 失败　　　題 50 ¹⁄₅ 正解　　　題 50 ²⁄₅ 失败

題 50 ³⁄₅ 失败　　　題 50 ⁴⁄₅ 失败　　　題 50 ⁵⁄₅ 失败

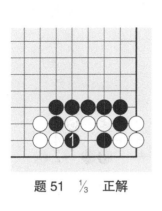

题51 ⅓ 正解

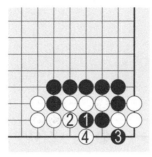

题51 ⅔ 失败

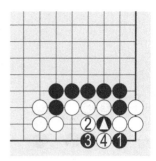

题51 ⅗ 失败 劫

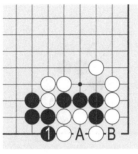

题52 ½ 正解

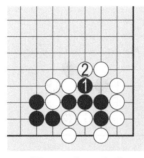

题52 ½ 失败

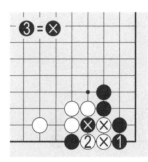

题53 ½ 正解

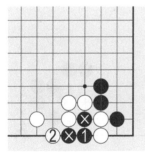

题53 ½ 失败

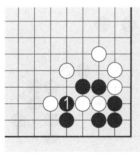

题54 ½ 正解

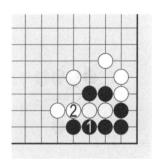

题54 ½ 失败

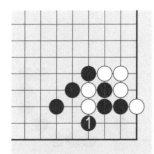

题55 ½ 正解

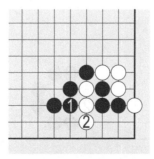

题55 ½ 失败

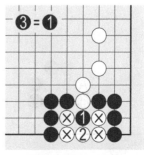

题56 ½ 正解

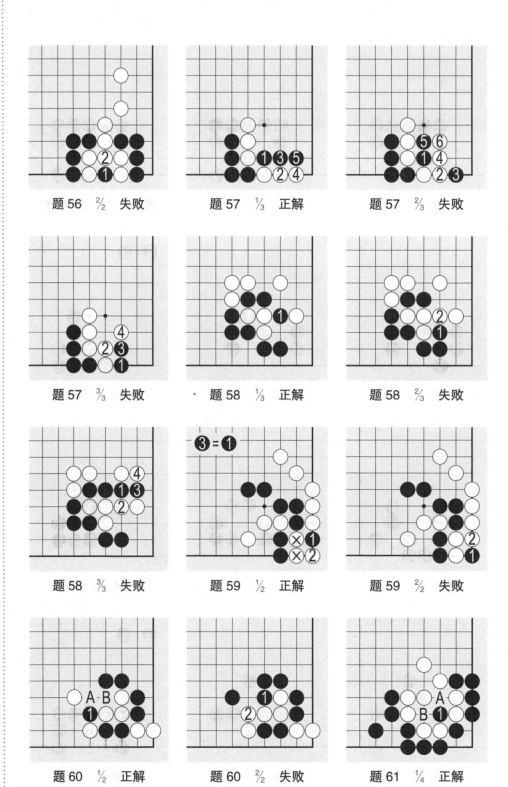

题56 ²⁄₂ 失败　　　题57 ¹⁄₃ 正解　　　题57 ²⁄₃ 失败

题57 ³⁄₃ 失败　　　·题58 ¹⁄₃ 正解　　　题58 ²⁄₃ 失败

题58 ³⁄₃ 失败　　　题59 ¹⁄₂ 正解　　　题59 ²⁄₂ 失败

❸=❶

题60 ¹⁄₂ 正解　　　题60 ²⁄₂ 失败　　　题61 ¹⁄₄ 正解

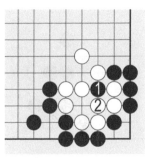

题61 ²/₄ 失败

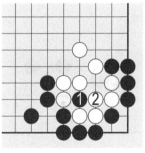

题61 ³/₄ 失败

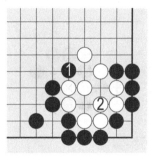

题61 ⁴/₄ 失败

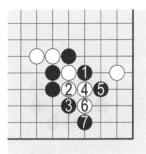

题62 ¹/₂ 正解

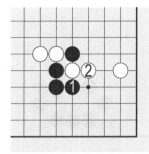

题62 ²/₂ 失败

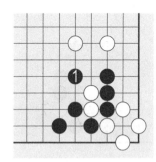

题63 ¹/₃ 正解

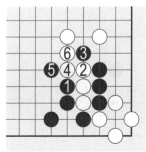

题63 ²/₃ 失败

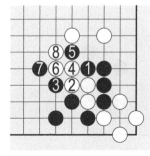

题63 ³/₃ 失败

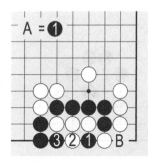

题64 ¹/₂ 正解

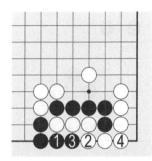

题64 ²/₂ 失败

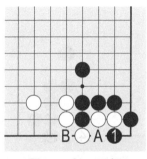

题65 ¹/₂ 正解

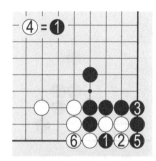

题65 ²/₂ 失败

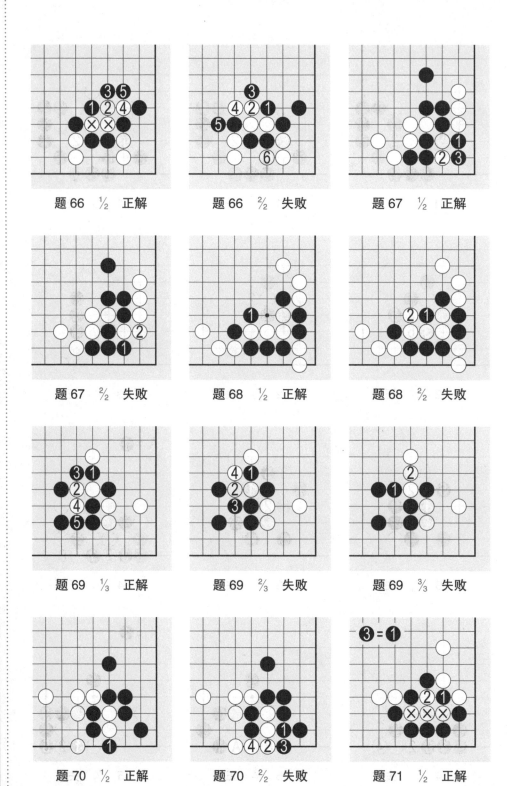

题66 ½ 正解　　　题66 ²⁄₂ 失败　　　题67 ½ 正解

题67 ²⁄₂ 失败　　　题68 ½ 正解　　　题68 ²⁄₂ 失败

题69 ⅓ 正解　　　题69 ²⁄₃ 失败　　　题69 ³⁄₃ 失败

题70 ½ 正解　　　题70 ²⁄₂ 失败　　　题71 ½ 正解

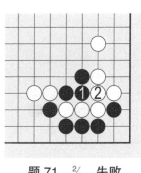

题 71　²⁄₂　失败

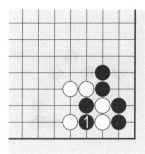

题 72　¹⁄₂　正解

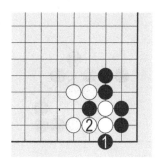

题 72　²⁄₂　失败

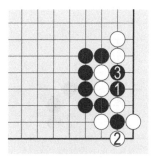

题 73　¹⁄₃　正解

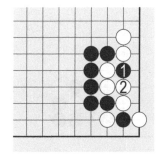

题 73　²⁄₃　失败

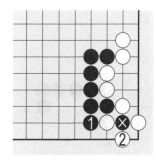

题 73　³⁄₃　失败

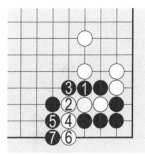

题 74　¹⁄₃　正解

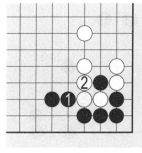

题 74　²⁄₃　失败

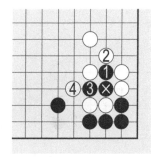

题 74　³⁄₃　失败

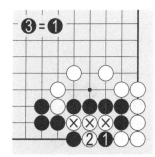

题 75　¹⁄₂　正解

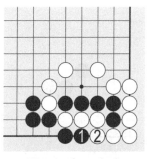

题 75　²⁄₂　失败

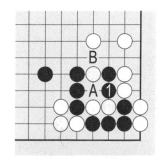

题 76　¹⁄₃　正解

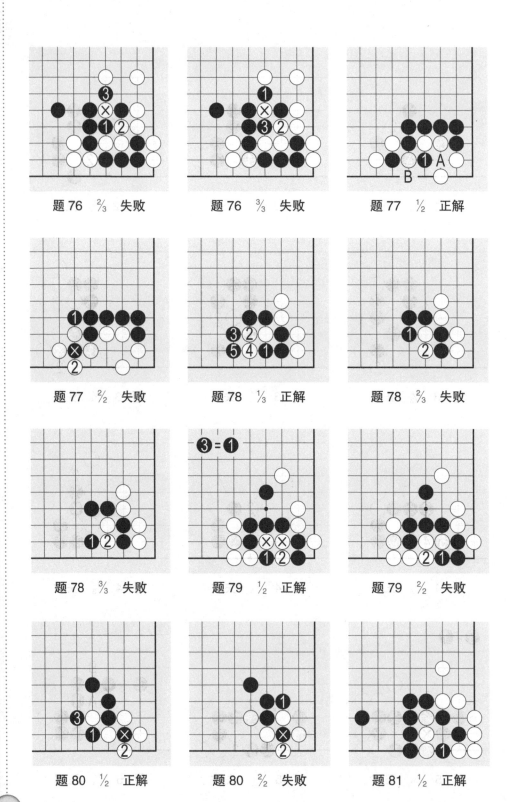

题76 ²⁄₃ 失败　　　题76 ³⁄₃ 失败　　　题77 ½ 正解

题77 ²⁄₂ 失败　　　题78 ⅓ 正解　　　题78 ²⁄₃ 失败

题78 ³⁄₃ 失败　　　题79 ½ 正解　　　题79 ²⁄₂ 失败

题80 ½ 正解　　　题80 ²⁄₂ 失败　　　题81 ½ 正解

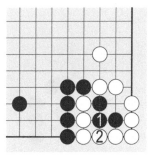

题81 ²/₂ 失败

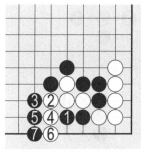

题82 ⅓ 正解

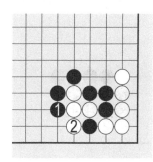

题82 ²/₃ 失败

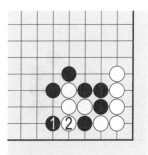

题82 ³/₃ 失败

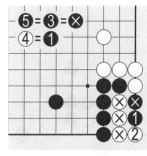

题83 ½ 正解

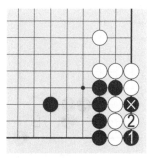

题83 ²/₂ 失败

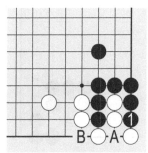

题84 ½ 正解

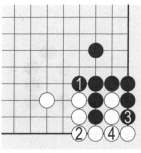

题84 ²/₂ 失败

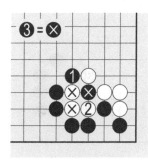

题85 ½ 正解

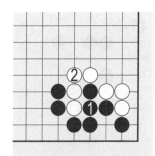

题85 ²/₂ 失败

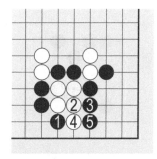

题86 ⅓ 正解

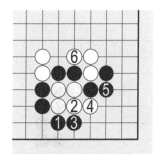

题86 ²/₃ 失败

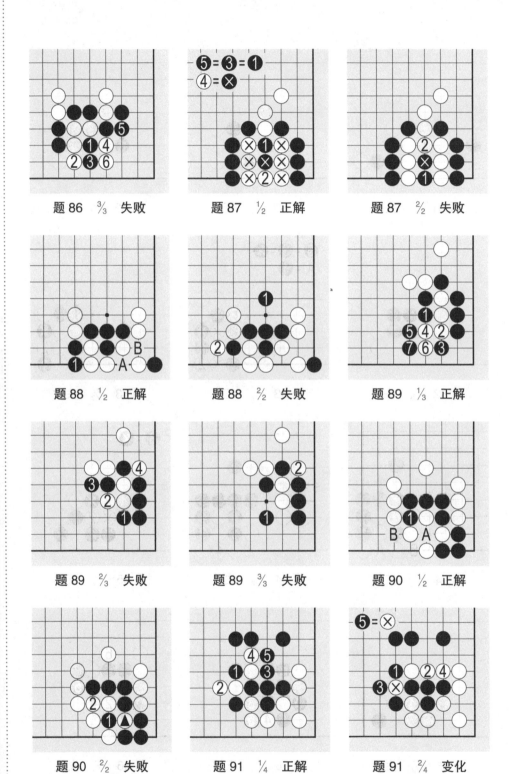

题86 ³⁄₃ 失败　　　题87 ½ 正解　　　题87 ²⁄₂ 失败

题88 ½ 正解　　　题88 ²⁄₂ 失败　　　题89 ⅓ 正解

题89 ²⁄₃ 失败　　　题89 ³⁄₃ 失败　　　题90 ½ 正解

题90 ²⁄₂ 失败　　　题91 ¼ 正解　　　题91 ²⁄₄ 变化

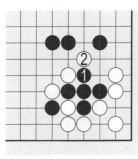

題 91 ¾ 失败

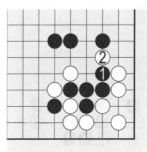

題 91 4/4 失败

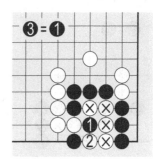

題 92 ½ 正解

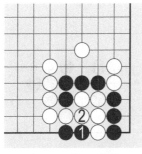

題 92 2/2 失败

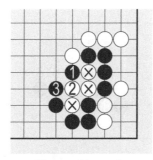

題 93 ½ 正解

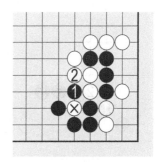

題 93 2/2 失败

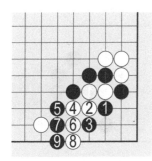

題 94 ⅓ 正解

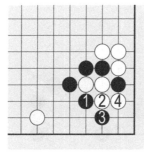

題 94 ⅔ 失败

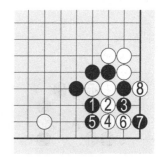

題 94 3/3 失败

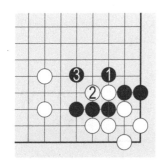

題 95 ⅓ 正解

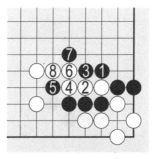

題 95 ⅔ 失败

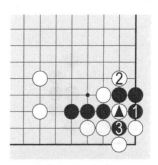

題 95 3/3 失败 劫

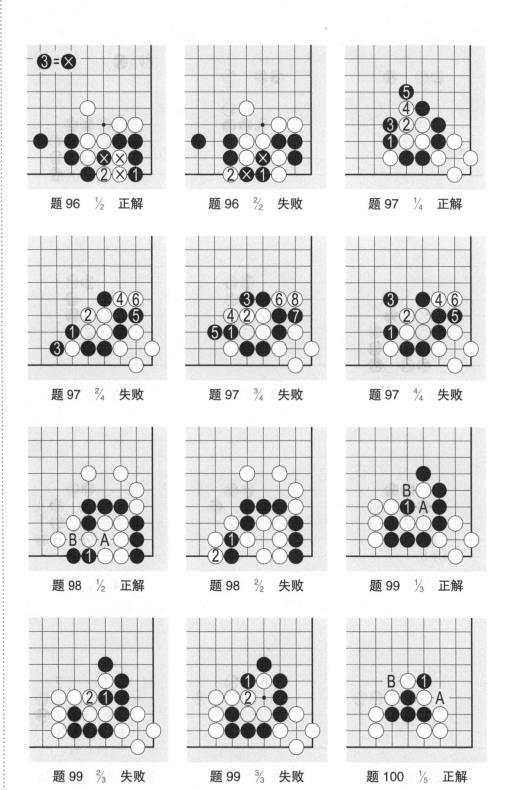

题96 ½ 正解　　题96 ²⁄₂ 失败　　题97 ¼ 正解

题97 ²⁄₄ 失败　　题97 ³⁄₄ 失败　　题97 ⁴⁄₄ 失败

题98 ½ 正解　　题98 ²⁄₂ 失败　　题99 ⅓ 正解

题99 ²⁄₃ 失败　　题99 ³⁄₃ 失败　　题100 ⅕ 正解

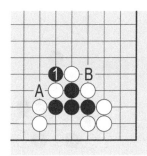

题 100 ²⁄₅ 正解

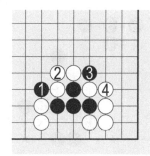

题 100 ³⁄₅ 失败

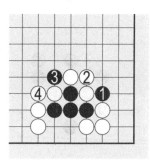

题 100 ⁴⁄₅ 失败

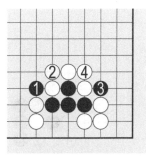

题 100 ⁵⁄₅ 失败

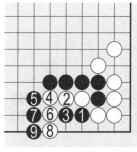

题 101 ¹⁄₃ 正解

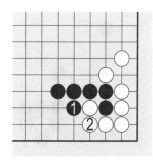

题 101 ²⁄₃ 失败

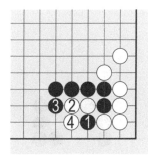

题 101 ³⁄₃ 失败

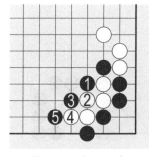

题 102 ¹⁄₃ 正解

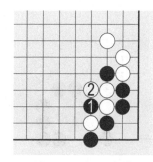

题 102 ²⁄₃ 失败

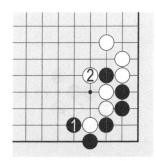

题 102 ³⁄₃ 失败

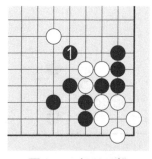

题 103 ¹⁄₃ 正解

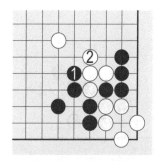

题 103 ²⁄₃ 失败

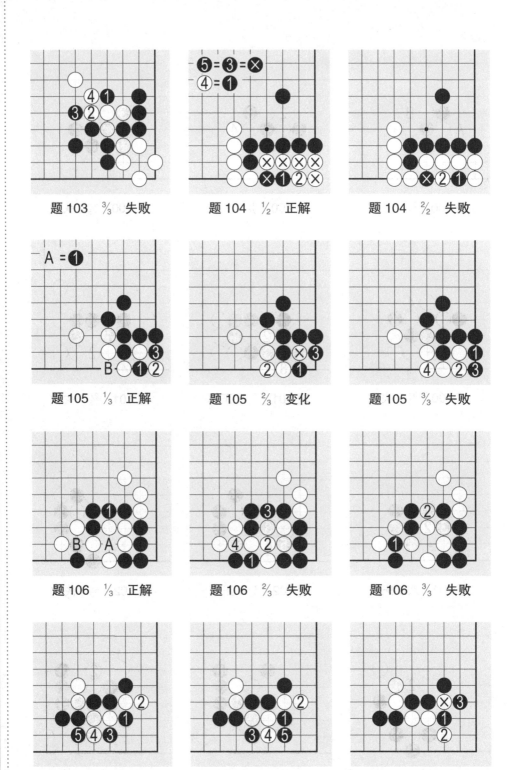

题103 ³⁄₃ 失败　　　　题104 ¹⁄₂ 正解　　　　题104 ²⁄₂ 失败

题105 ¹⁄₃ 正解　　　　题105 ²⁄₃ 变化　　　　题105 ³⁄₃ 失败

题106 ¹⁄₃ 正解　　　　题106 ²⁄₃ 失败　　　　题106 ³⁄₃ 失败

题107 ¹⁄₆ 正解　　　　题107 ²⁄₆ 变化　　　　题107 ³⁄₆ 变化

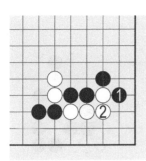

题 107 $\frac{4}{6}$ 失败

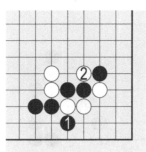

题 107 $\frac{5}{6}$ 失败

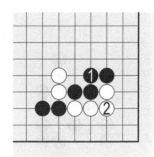

题 107 $\frac{6}{6}$ 失败

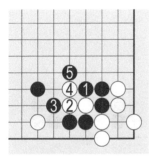

题 108 $\frac{1}{3}$ 正解

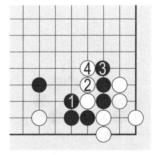

题 108 $\frac{2}{3}$ 失败

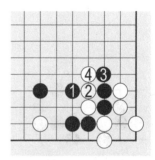

题 108 $\frac{3}{3}$ 失败

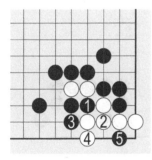

题 109 $\frac{1}{3}$ 正解

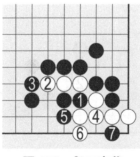

题 109 $\frac{2}{3}$ 变化

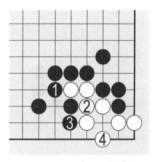

题 109 $\frac{3}{3}$ 失败

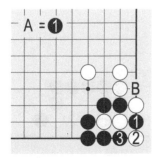

题 110 $\frac{1}{3}$ 正解

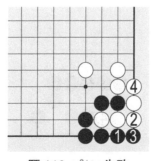

题 110 $\frac{2}{3}$ 失败

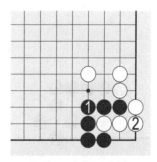

题 110 $\frac{3}{3}$ 失败

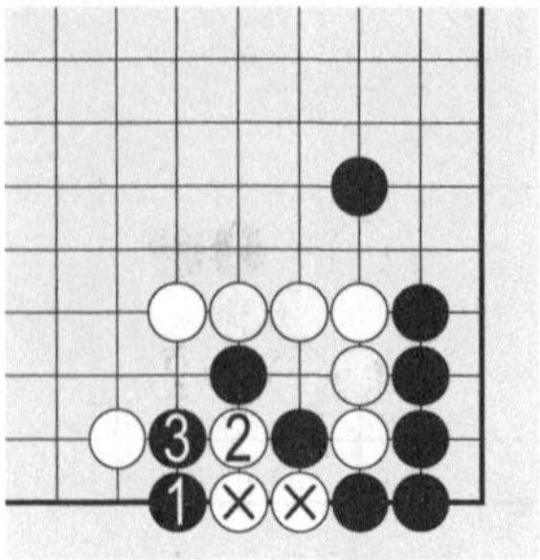

题 111 1/3 正解

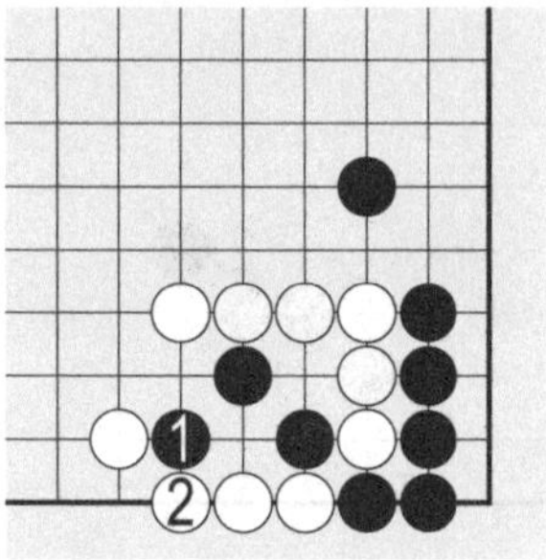

题 111 2/3 失败

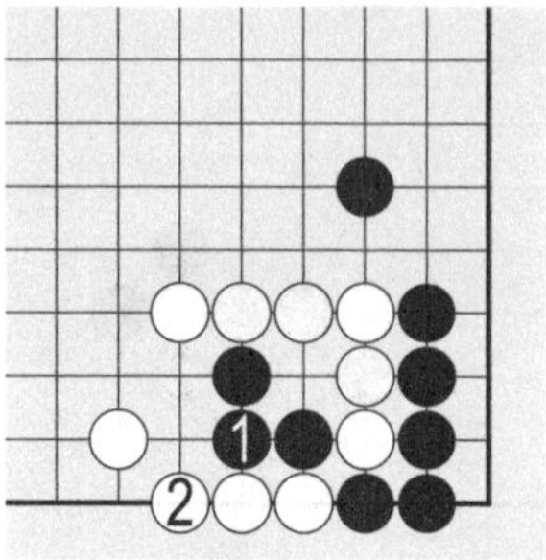

题 111 3/3 失败

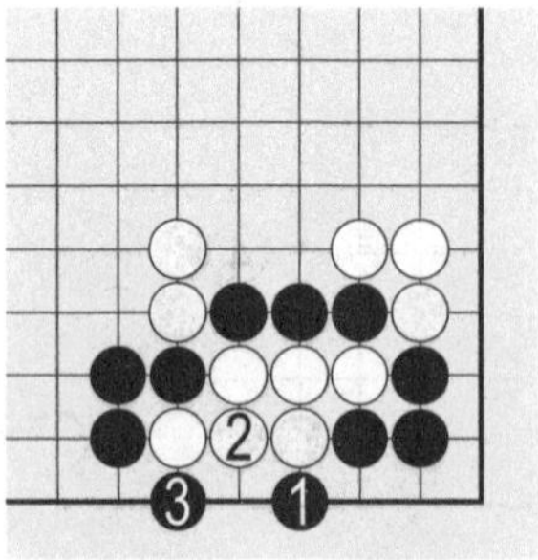

题 112 1/3 正解

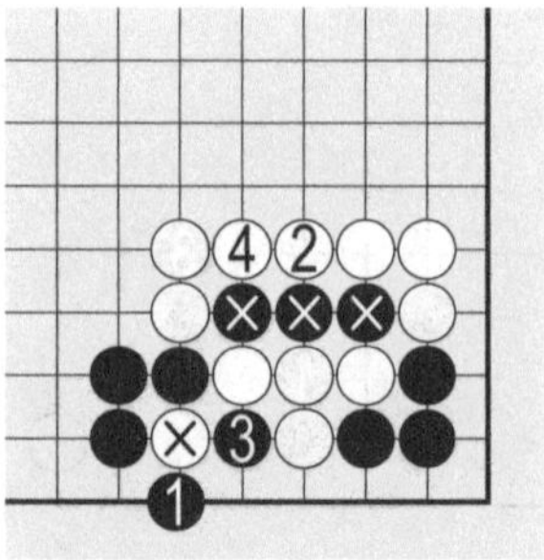

题 112 2/3 失败

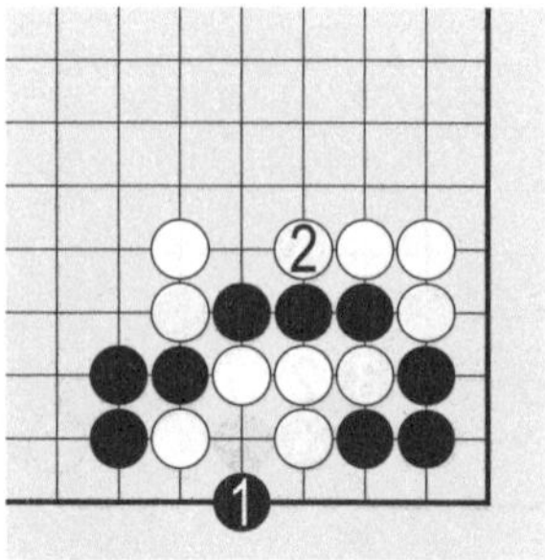

题 112 3/3 失败

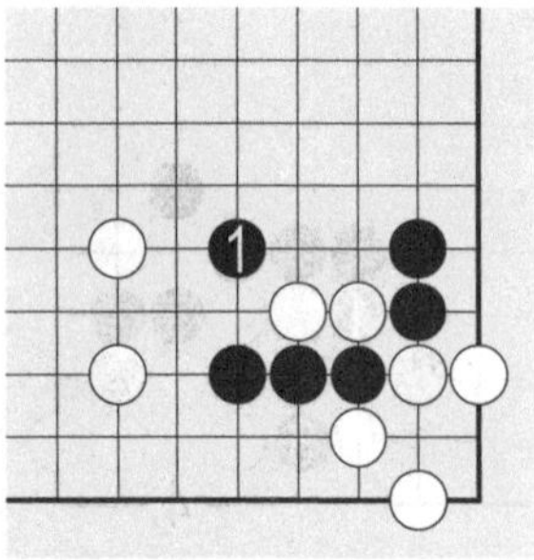

题 113 1/2 正解

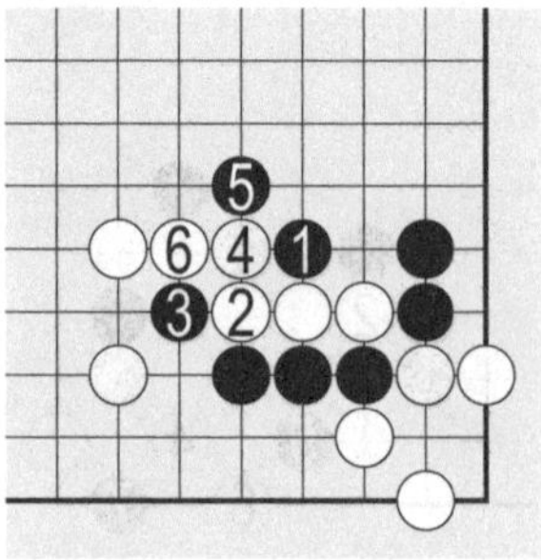

题 113 2/2 失败

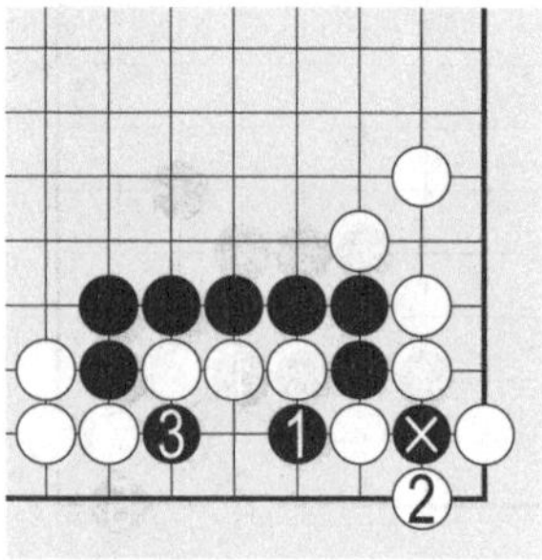

题 114 1/5 正解

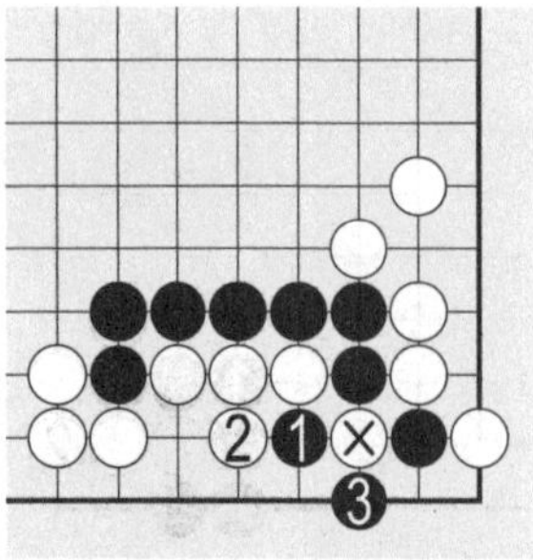

题 114 2/5 变化

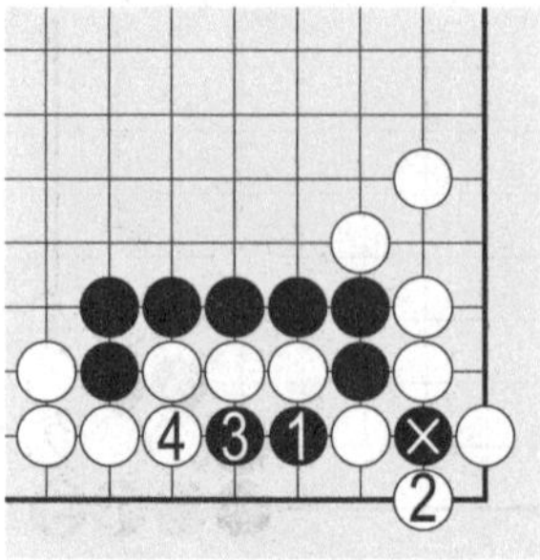

题 114 3/5 失败

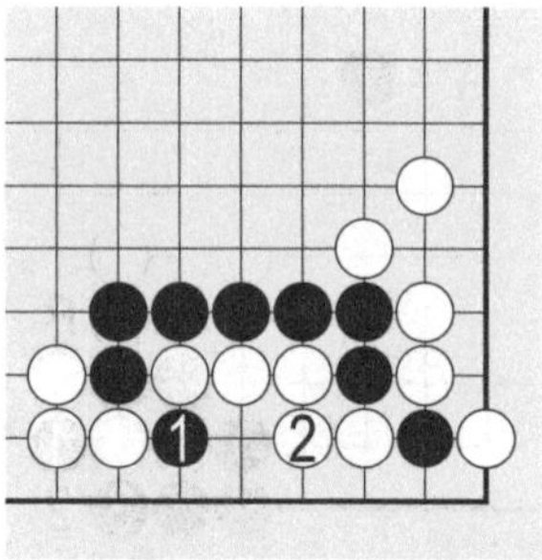

题 114 4/5 失败

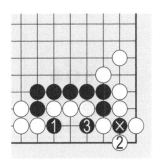

题 114 ⁵⁄₅ 白错

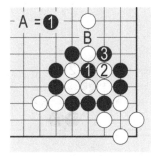

题 115 ¹⁄₄ 正解

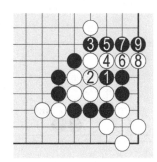

题 115 ²⁄₄ 正解

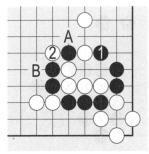

题 115 ³⁄₄ 失败

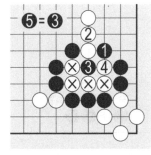

题 115 ⁴⁄₄ 白错

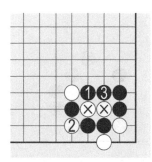

题 116 ¹⁄₄ 正解

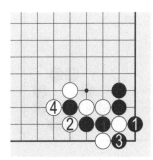

题 116 ²⁄₄ 失败

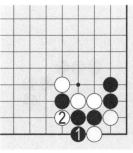

题 116 ³⁄₄ 失败

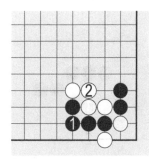

题 116 ⁴⁄₄ 失败

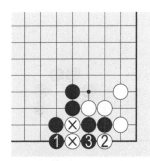

题 117 ¹⁄₃ 正解

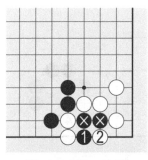

题 117 ²⁄₃ 失败

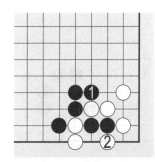

题 117 ³⁄₃ 失败

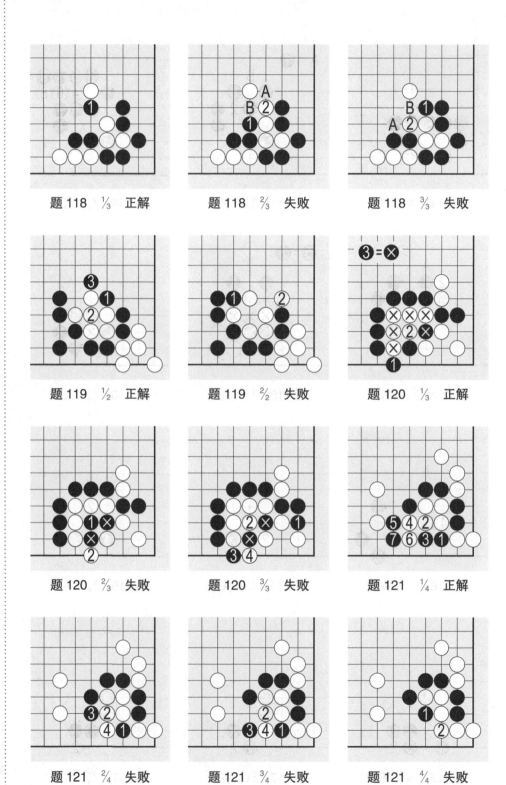

题118 ⅓ 正解　　　题118 ⅔ 失败　　　题118 ⅗ 失败

题119 ½ 正解　　　题119 ²⁄₂ 失败　　　题120 ⅓ 正解

题120 ⅔ 失败　　　题120 ⅗ 失败　　　题121 ¼ 正解

题121 ²⁄₄ 失败　　　题121 ¾ 失败　　　题121 ⁴⁄₄ 失败

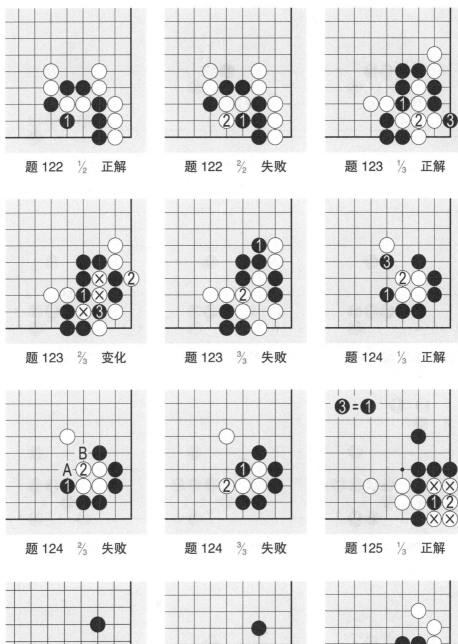

題122 ½ 正解　　題122 ²⁄₂ 失败　　題123 ⅓ 正解

題123 ²⁄₃ 变化　　題123 ³⁄₃ 失败　　題124 ⅓ 正解

題124 ²⁄₃ 失败　　題124 ³⁄₃ 失败　　題125 ⅓ 正解

❸=❶

題125 ²⁄₃ 变化　　題125 ³⁄₃ 失败　　題126 ⅓ 正解

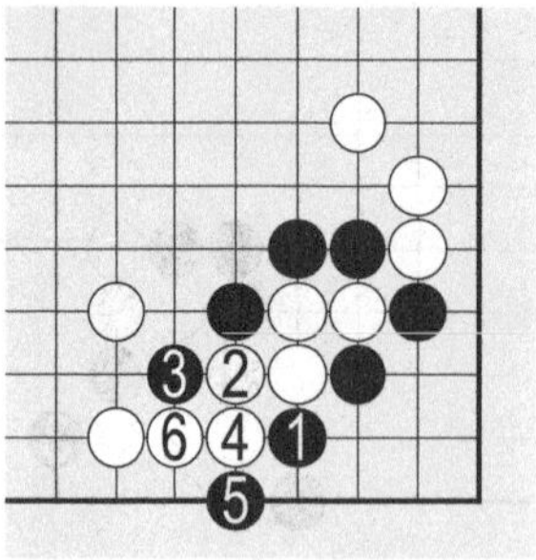

题 126 ⅔ 失败

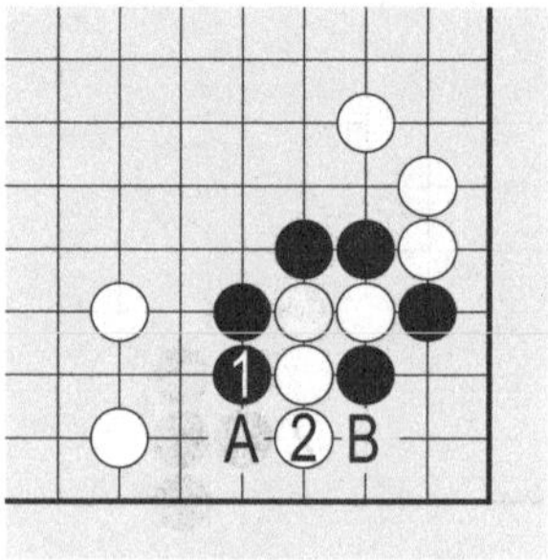

题 126 3/3 失败

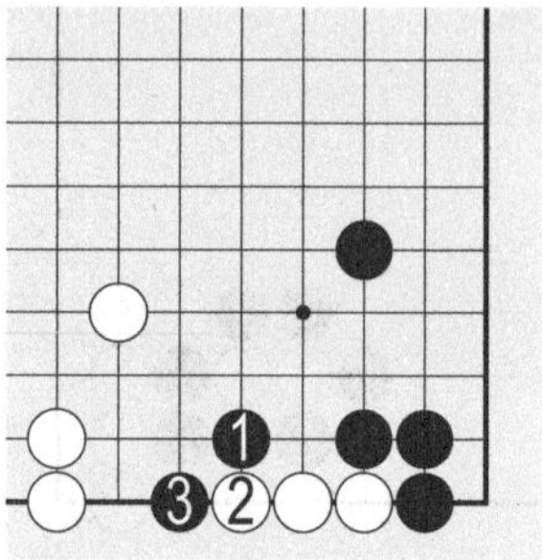

题 127 ¼ 正解

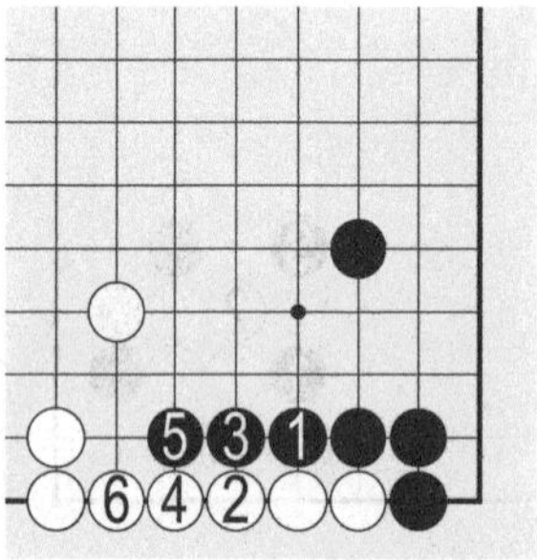

题 127 2/4 失败

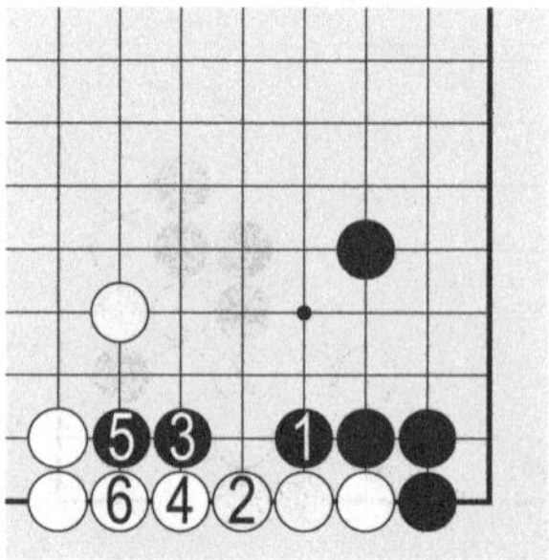

题 127 ¾ 失败

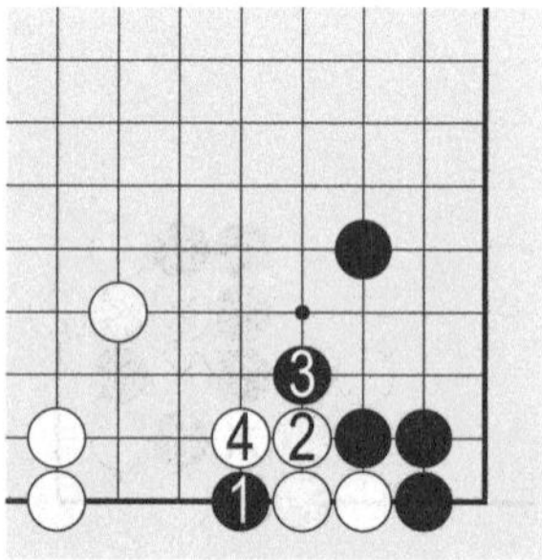

题 127 4/4 失败

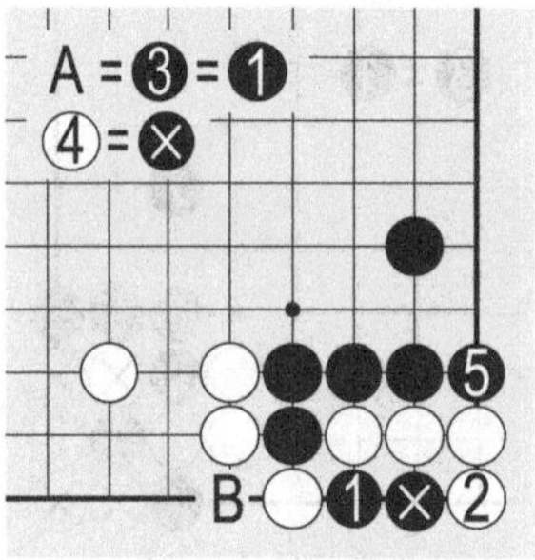

题 128 ⅓ 正解

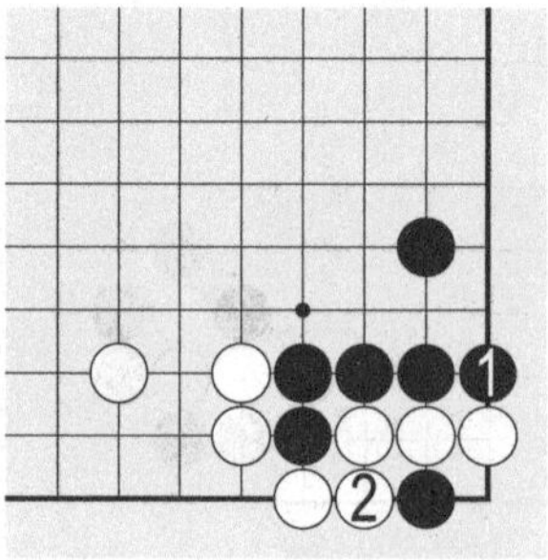

题 128 ⅔ 失败

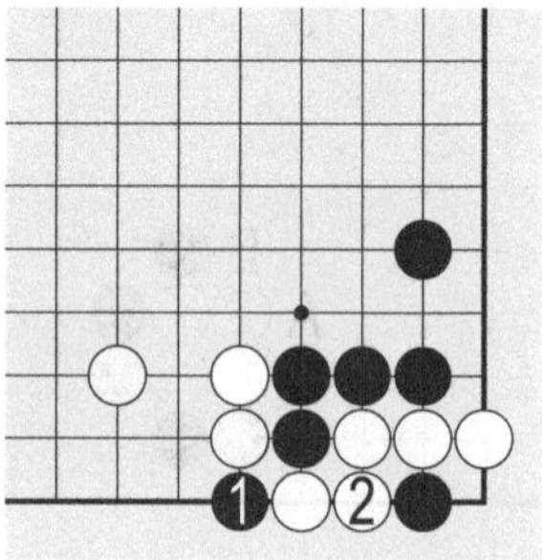

题 128 3/3 失败

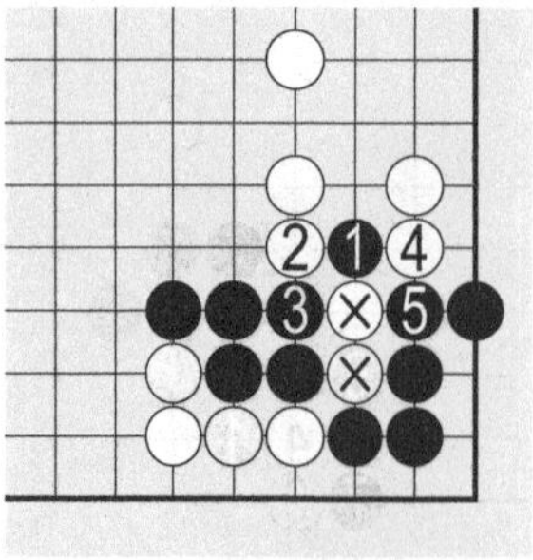

题 129 ⅓ 正解

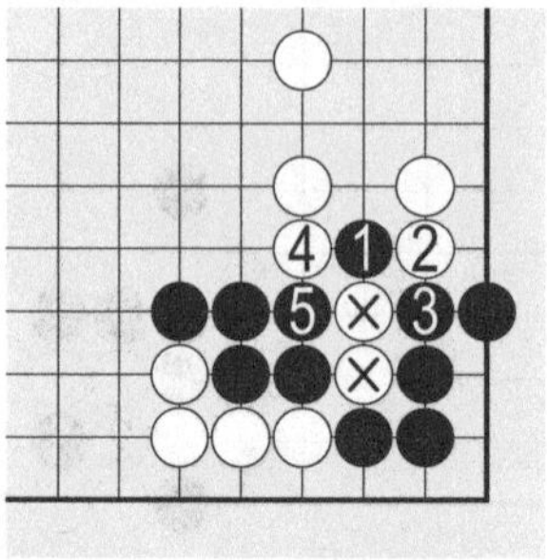

题 129 ⅔ 变化

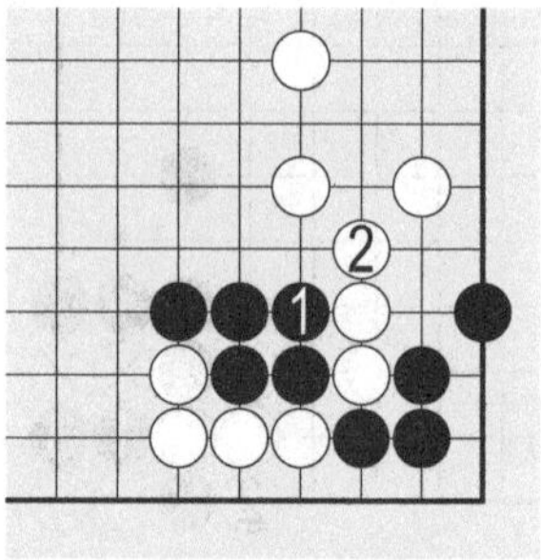

题 129 3/3 失败

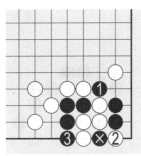

題130 ⅓ 正解

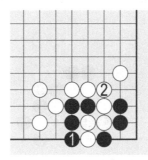

題130 ⅔ 失败

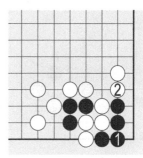

題130 ⅔ 失败

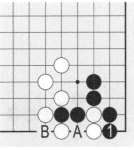

題131 ½ 正解

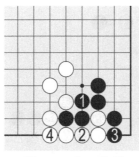

題131 ⅔ 失败

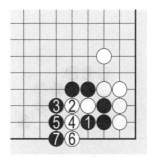

題132 ⅓ 正解

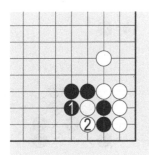

題132 ⅔ 失败

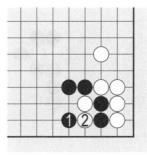

題132 ⅔ 失败

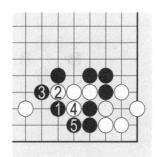

題133 ⅓ 正解

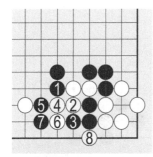

題133 ⅔ 失败

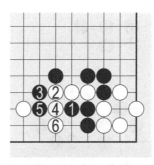

題133 ⅔ 失败

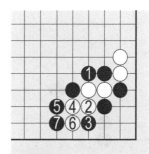

題134 ½ 正解

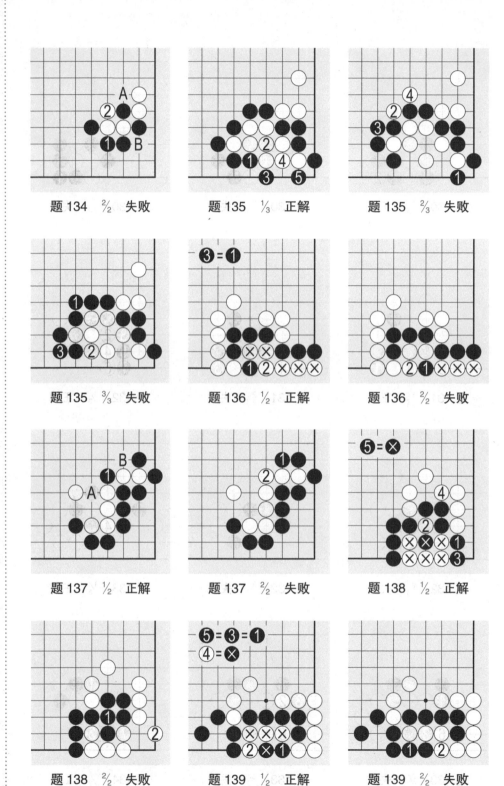

題 134　²/₂　失败　　　　題 135　¹/₃　正解　　　　題 135　²/₃　失败

題 135　³/₃　失败　　　　題 136　¹/₂　正解　　　　題 136　²/₂　失败

題 137　¹/₂　正解　　　　題 137　²/₂　失败　　　　題 138　¹/₂　正解

題 138　²/₂　失败　　　　題 139　¹/₂　正解　　　　題 139　²/₂　失败

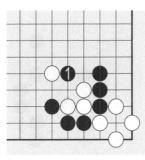

题 140 　1/3 　正解

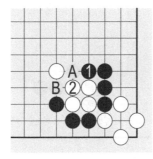

题 140 　2/3 　失败

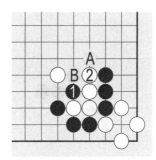

题 140 　3/3 　失败

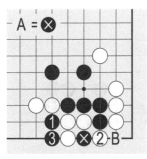

题 141 　1/2 　正解

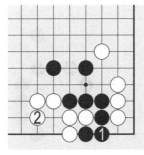

题 141 　2/2 　失败

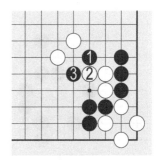

题 142 　1/3 　正解

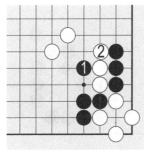

题 142 　2/3 　失败

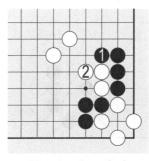

题 142 　3/3 　失败

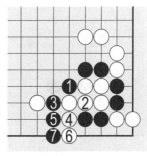

题 143 　1/3 　正解

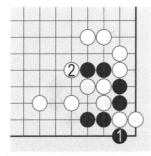

题 143 　2/3 　失败

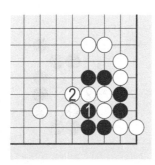

题 143 　3/3 　失败

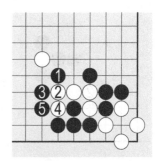

题 144 　1/3 　正解

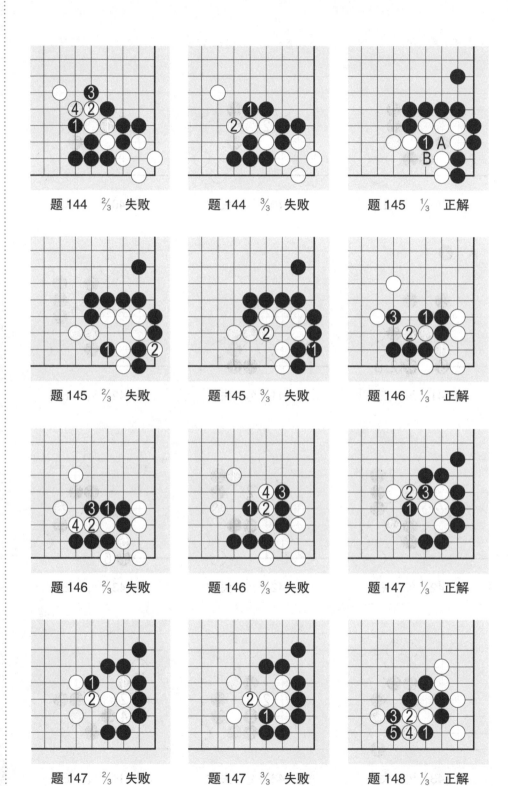

题 144　²⁄₃　失败　　　　题 144　³⁄₃　失败　　　　题 145　¹⁄₃　正解

题 145　²⁄₃　失败　　　　题 145　³⁄₃　失败　　　　题 146　¹⁄₃　正解

题 146　²⁄₃　失败　　　　题 146　³⁄₃　失败　　　　题 147　¹⁄₃　正解

题 147　²⁄₃　失败　　　　题 147　³⁄₃　失败　　　　题 148　¹⁄₃　正解

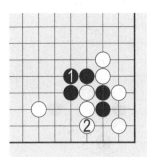

题 148 ²∕₃ 失败

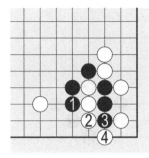

题 148 ³∕₃ 失败

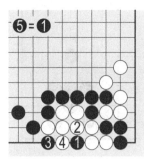

题 149 ¹∕₄ 正解

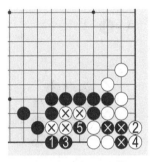

题 149 ²∕₄ 失败

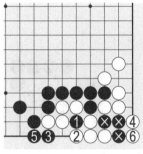

题 149 ³∕₄ 失败

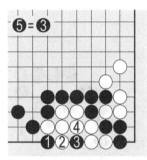

题 149 ⁴∕₄ 白错

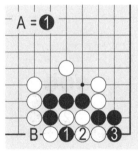

题 150 ¹∕₃ 正解

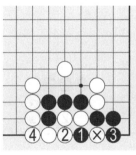

题 150 ²∕₃ 失败

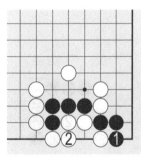

题 150 ³∕₃ 失败

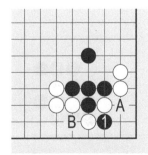

题 151 ¹∕₄ 正解

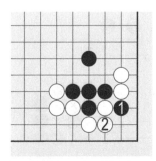

题 151 ²∕₄ 失败

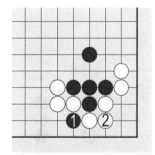

题 151 ³∕₄ 失败

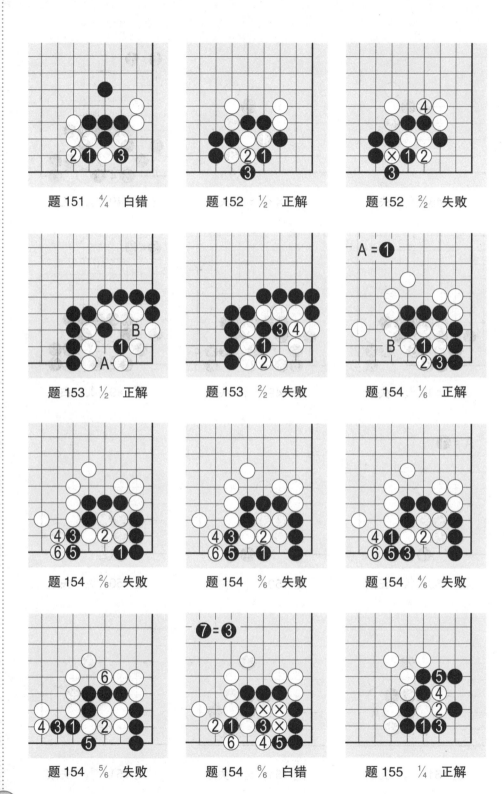

题 151 $\frac{4}{4}$ 白错

题 152 $\frac{1}{2}$ 正解

题 152 $\frac{2}{2}$ 失败

题 153 $\frac{1}{2}$ 正解

题 153 $\frac{2}{2}$ 失败

题 154 $\frac{1}{6}$ 正解

题 154 $\frac{2}{6}$ 失败

题 154 $\frac{3}{6}$ 失败

题 154 $\frac{4}{6}$ 失败

题 154 $\frac{5}{6}$ 失败

题 154 $\frac{6}{6}$ 白错

题 155 $\frac{1}{4}$ 正解

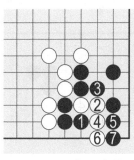

题155 ²/₄ 变化

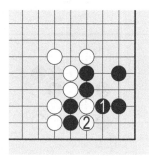

题155 ³/₄ 失败

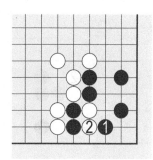

题155 ⁴/₄ 失败

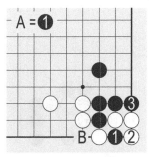

题156 ¹/₃ 正解

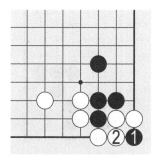

题156 ²/₃ 失败

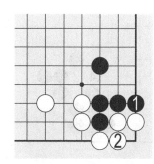

题156 ³/₃ 失败

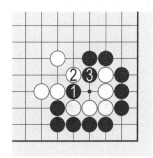

题157 ¹/₂ 正解

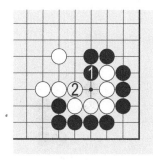

题157 ²/₂ 失败

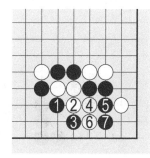

题158 ¹/₂ 正解

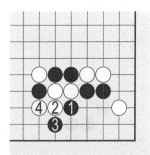

题158 ²/₂ 失败

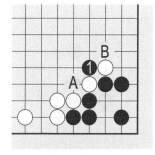

题159 ¹/₃ 正解

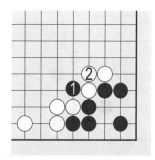

题159 ²/₃ 失败

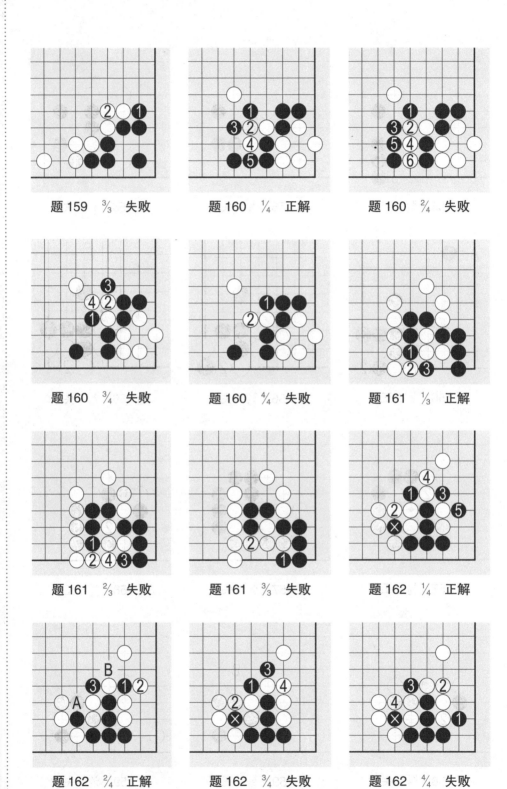

題159　³/₃　失败　　　　題160　¹/₄　正解　　　　題160　²/₄　失败

題160　³/₄　失败　　　　題160　⁴/₄　失败　　　　題161　¹/₃　正解

題161　²/₃　失败　　　　題161　³/₃　失败　　　　題162　¹/₄　正解

題162　²/₄　正解　　　　題162　³/₄　失败　　　　題162　⁴/₄　失败

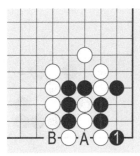

题 163 1/4 正解

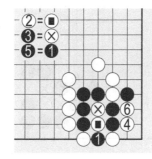

题 163 2/4 失败

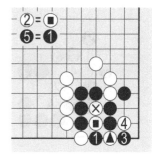

题 163 3/4 失败 劫

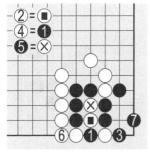

题 163 4/4 白错

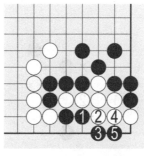

题 164 1/5 正解

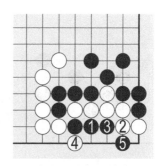

题 164 2/5 变化

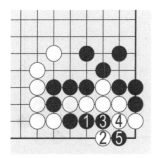

题 164 3/5 变化

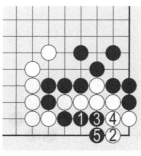

题 164 4/5 变化

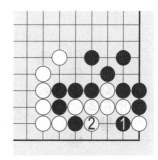

题 164 5/5 失败

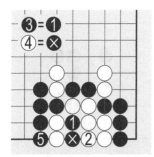

题 165 1/3 正解

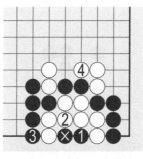

题 165 2/3 失败

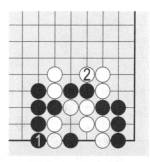

题 165 3/3 失败

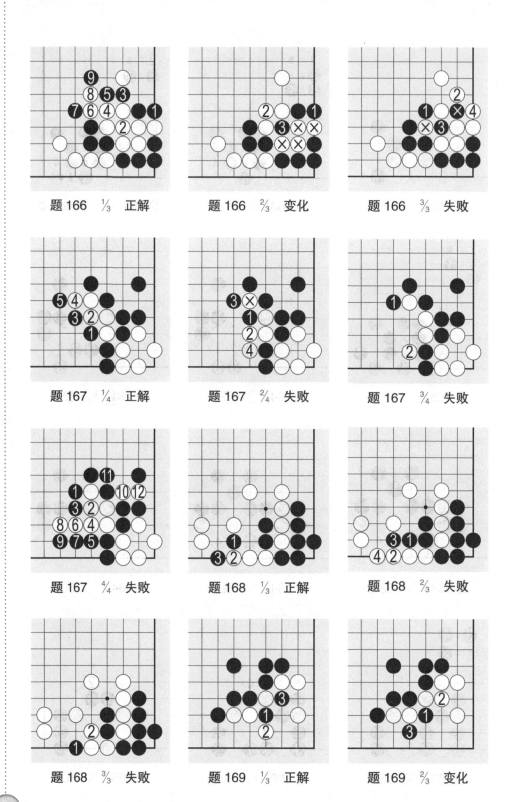

题166 ⅓ 正解　　　题166 ⅔ 变化　　　题166 ⅜ 失败

题167 ¼ 正解　　　题167 ²⁄₄ 失败　　　题167 ¾ 失败

题167 ⁴⁄₄ 失败　　　题168 ⅓ 正解　　　题168 ⅔ 失败

题168 ⅜ 失败　　　题169 ⅓ 正解　　　题169 ⅔ 变化

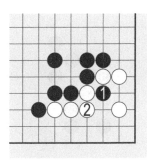

题 169　3/3　失败

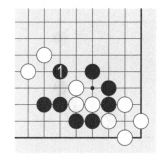

题 170　1/3　正解

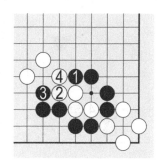

题 170　2/3　失败

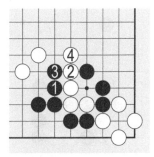

题 170　3/3　失败

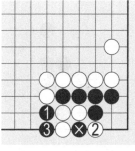

题 171　1/2　正解

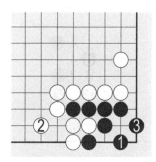

题 171　2/2　失败

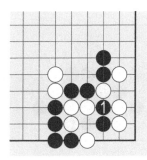

题 172　1/3　正解

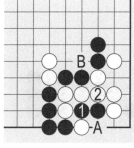

题 172　2/3　失败

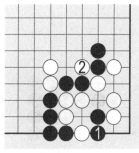

题 172　3/3　失败

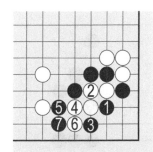

题 173　1/3　正解

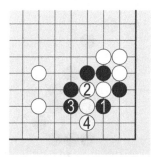

题 173　2/3　失败

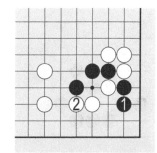

题 173　3/3　失败

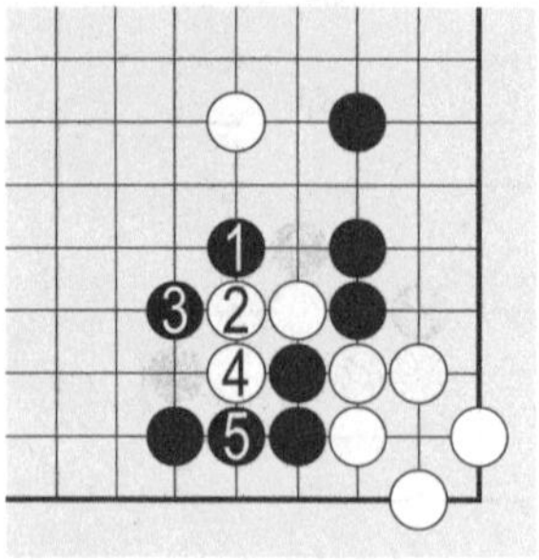

题 174 1/5 正解

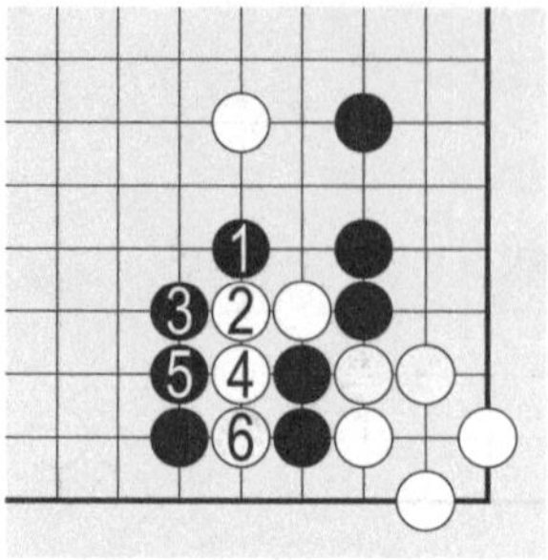

题 174 2/5 失败

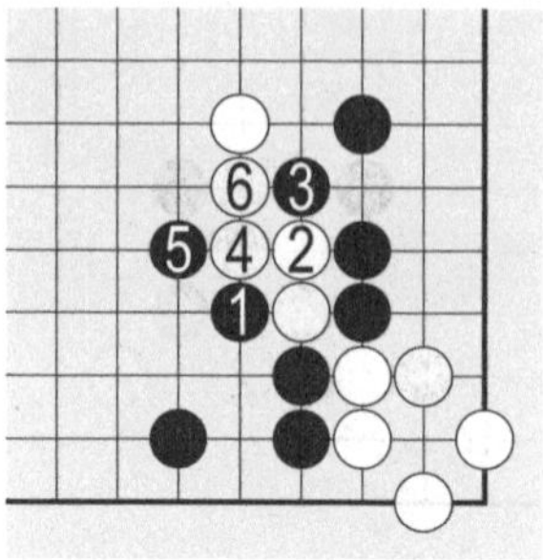

题 174 3/5 失败

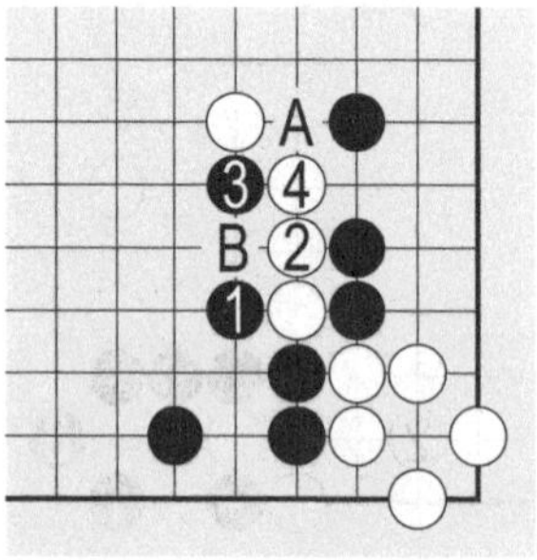

题 174 4/5 失败

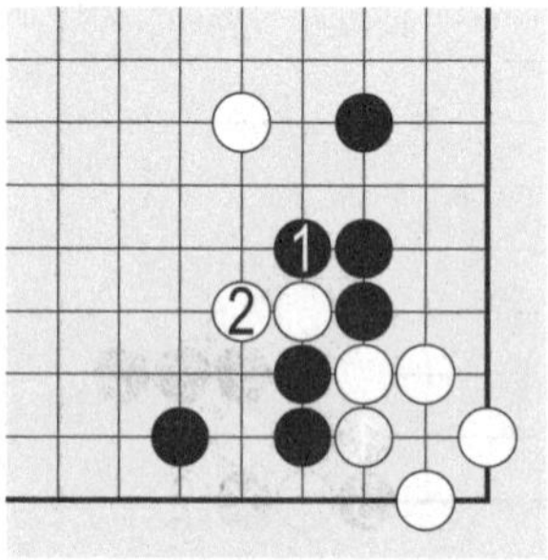

题 174 5/5 失败

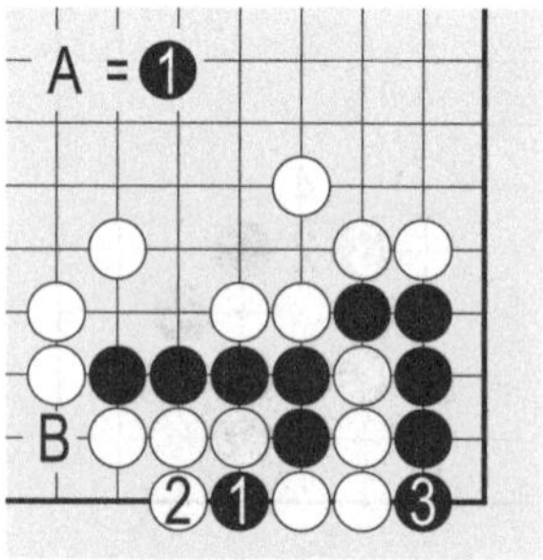

题 175 1/3 正解

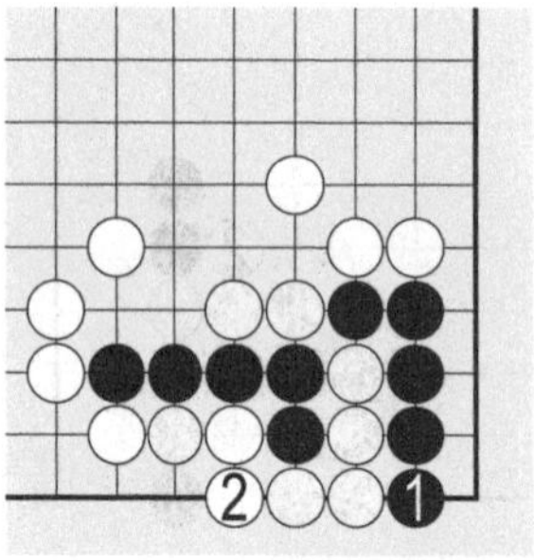

题 175 2/3 失败

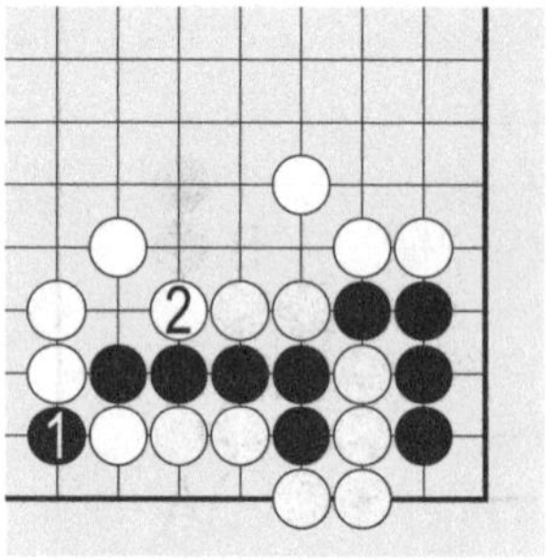

题 175 3/3 失败

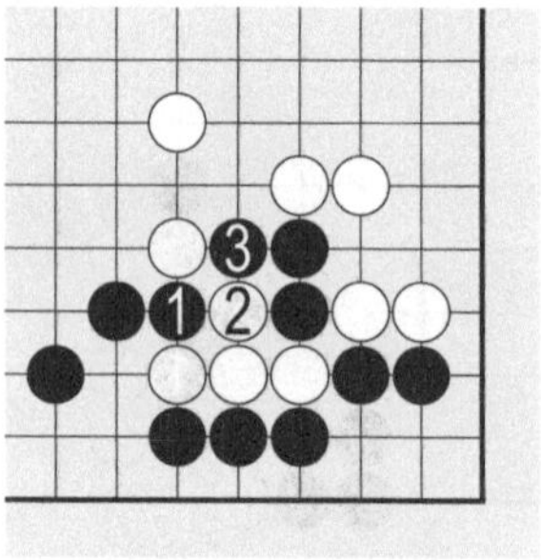

题 176 1/2 正解

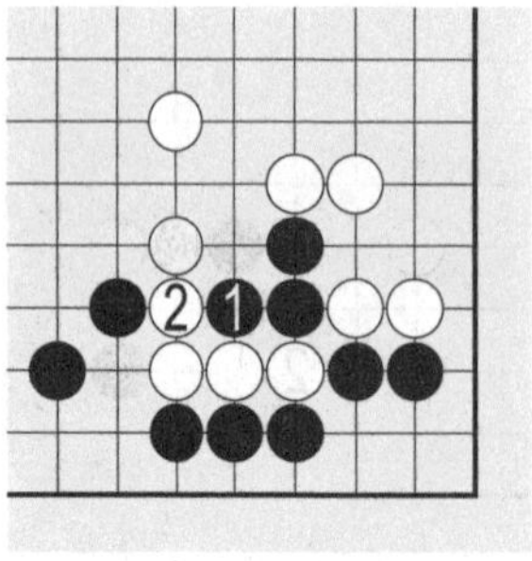

题 176 2/2 失败

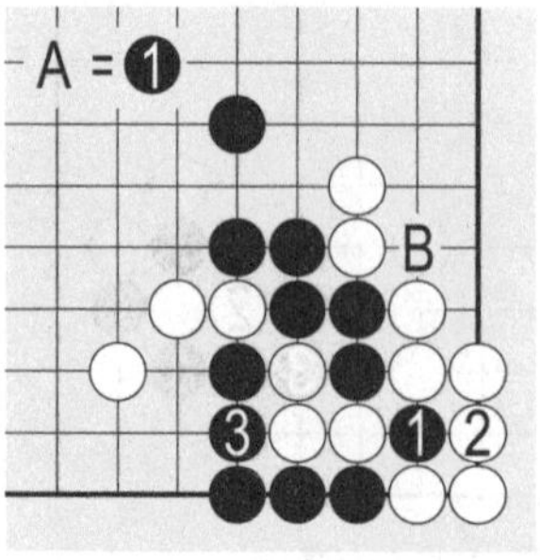

题 177 1/2 正解

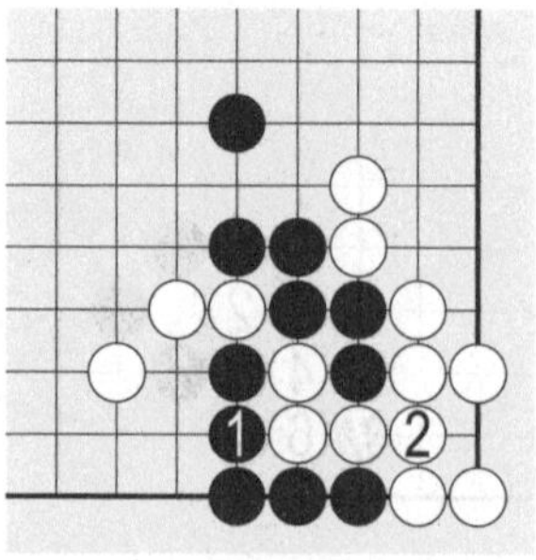

题 177 2/2 失败

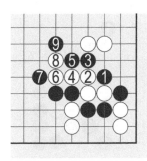

题178 ⅓ 正解

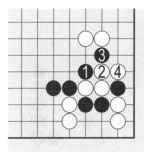

题178 ⅔ 失败

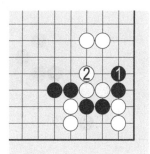

题178 3/3 失败

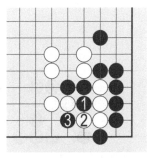

题179 ½ 正解

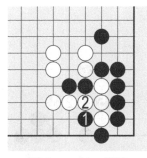

题179 2/2 失败

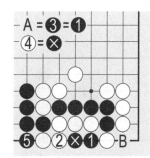

题180 ½ 正解

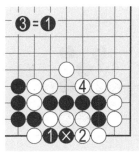

题180 2/2 失败

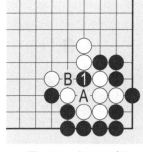

题181 ⅓ 正解

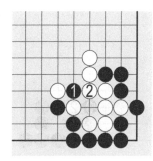

题181 ⅔ 失败

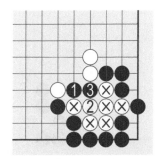

题181 3/3 白错

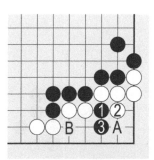

题182 ⅓ 正解

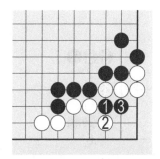

题182 ⅔ 变化

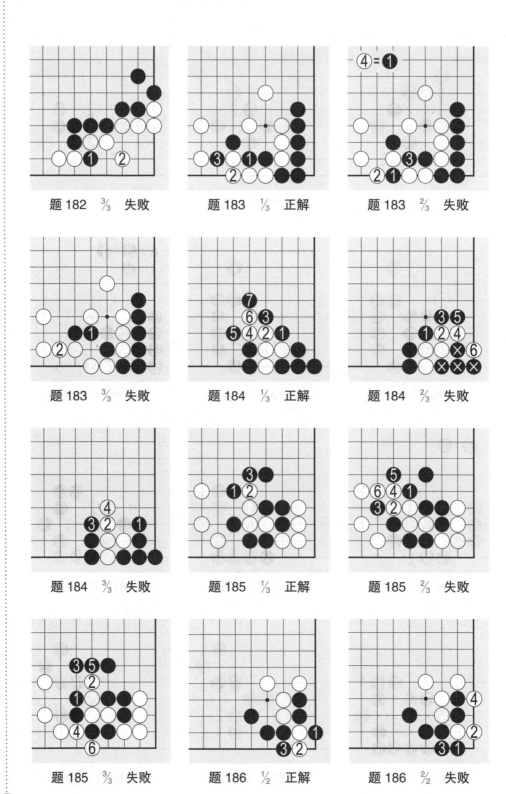

题 182　³⁄₃　失败　　　　题 183　¹⁄₃　正解　　　　题 183　²⁄₃　失败

题 183　³⁄₃　失败　　　　题 184　¹⁄₃　正解　　　　题 184　²⁄₃　失败

题 184　³⁄₃　失败　　　　题 185　¹⁄₃　正解　　　　题 185　²⁄₃　失败

题 185　³⁄₃　失败　　　　题 186　¹⁄₂　正解　　　　题 186　²⁄₂　失败

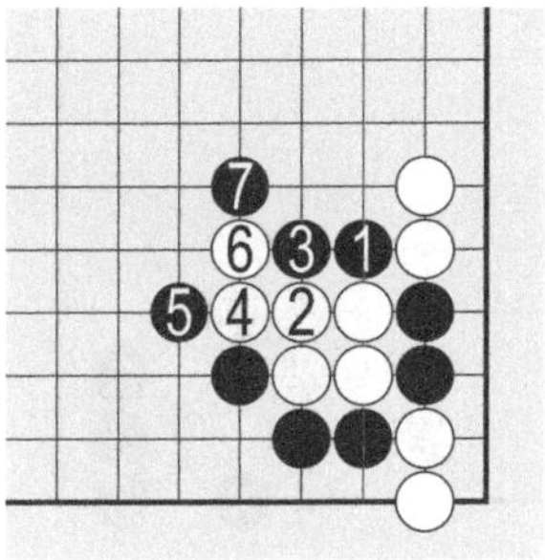
题 187 1/3 正解

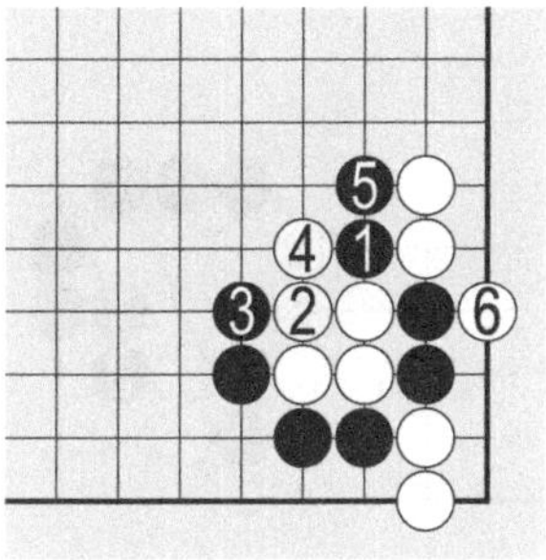
题 187 2/3 失败

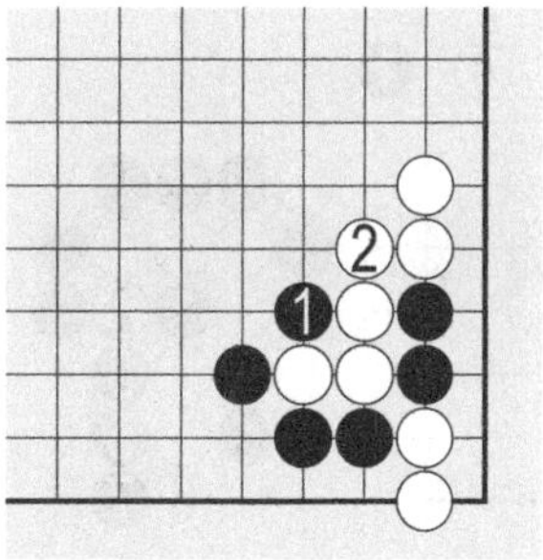
题 187 3/3 失败

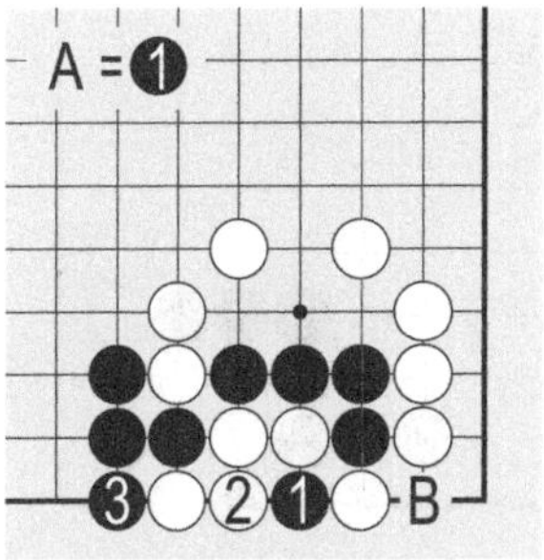

题 188 1/3 正解

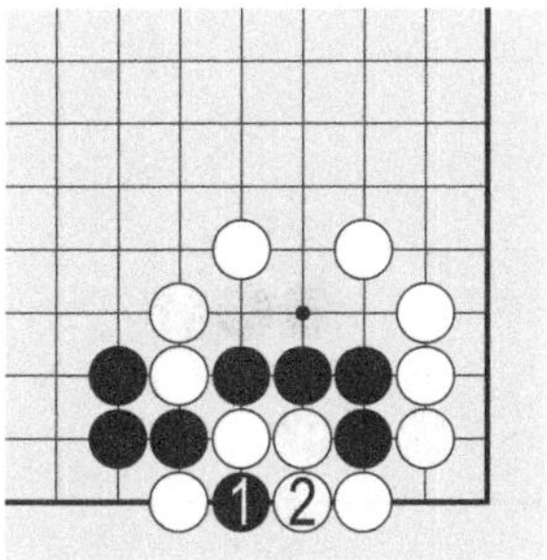
题 188 2/3 失败

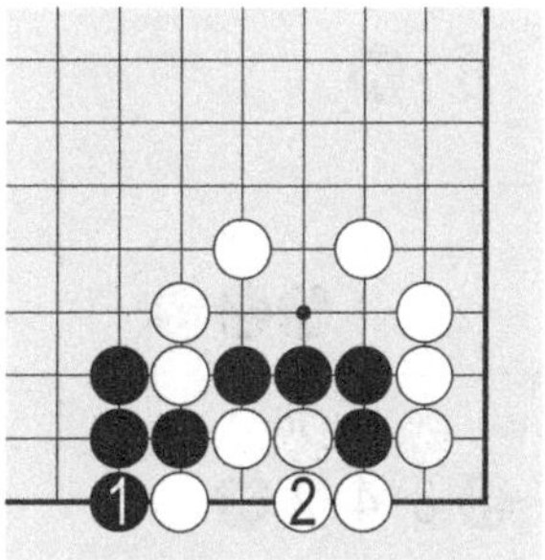
题 188 3/3 失败

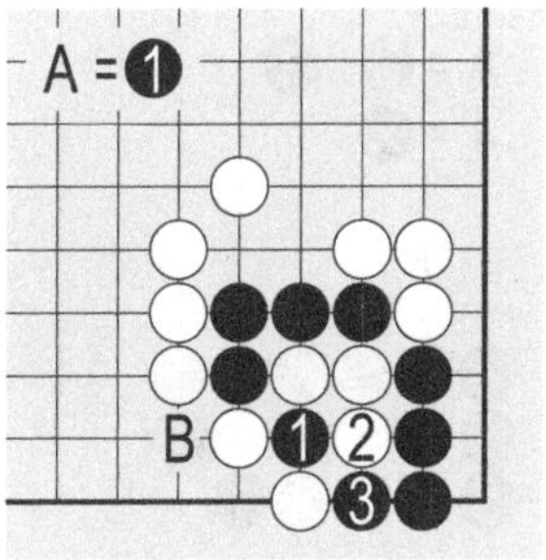

题 189 1/3 正解

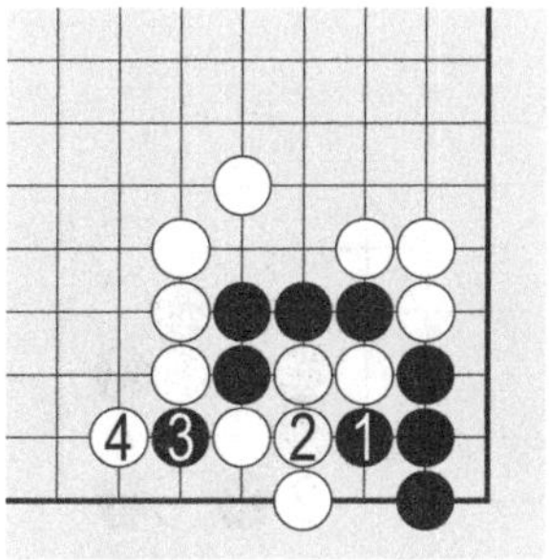
题 189 2/3 失败

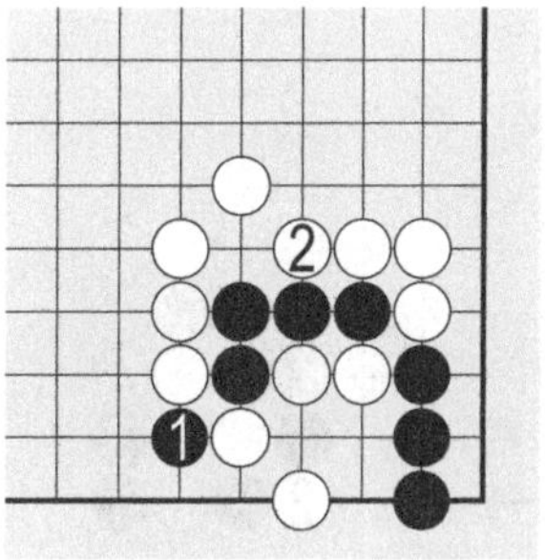
题 189 3/3 失败

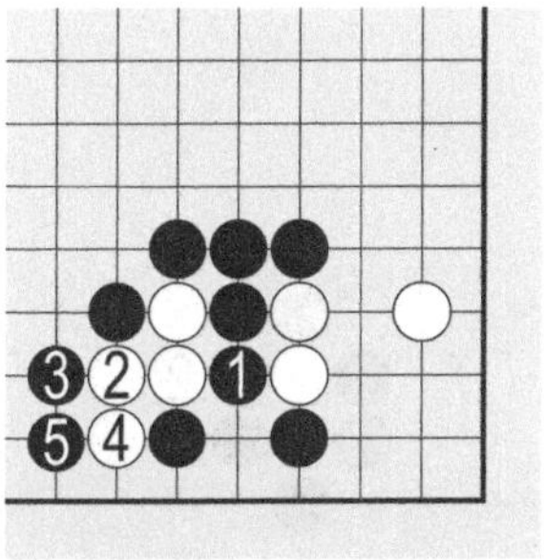
题 190 1/3 正解

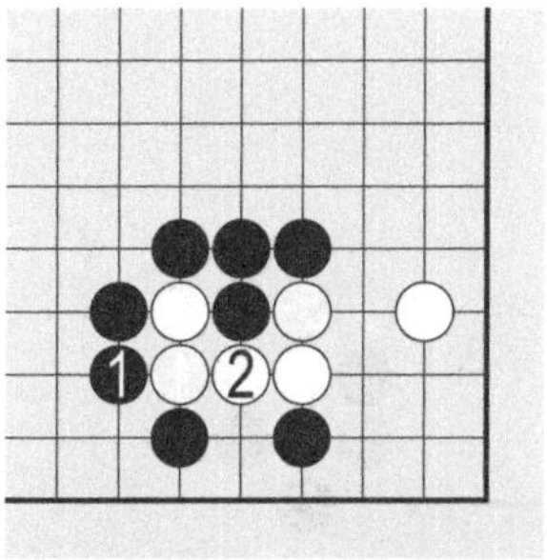
题 190 2/3 失败

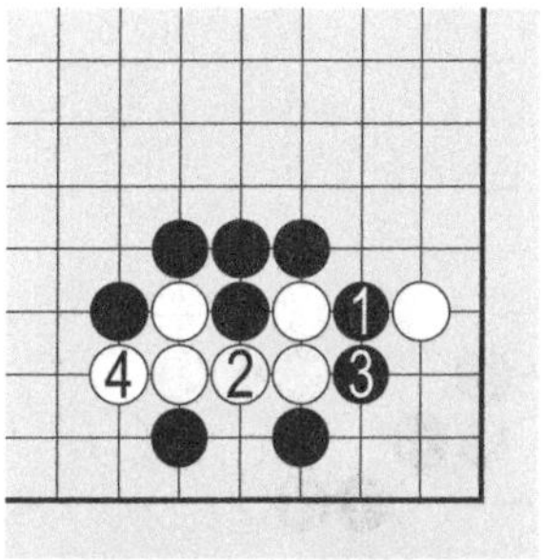
题 190 3/3 失败

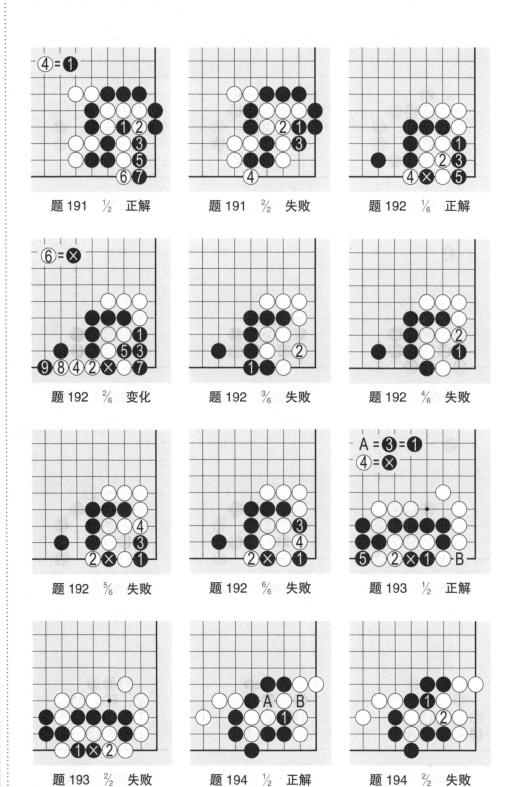

④=❶

题191 ½ 正解

题191 ²⁄₂ 失败

题192 ⅙ 正解

⑥=⊗

题192 ²⁄₆ 变化

题192 ³⁄₆ 失败

题192 ⁴⁄₆ 失败

题192 ⁵⁄₆ 失败

题192 ⁶⁄₆ 失败

A=❸=❶
④=⊗

题193 ½ 正解

题193 ²⁄₂ 失败

题194 ½ 正解

题194 ²⁄₂ 失败

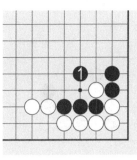

题 195 ¼ 正解

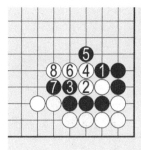

题 195 ²⁄₄ 失败

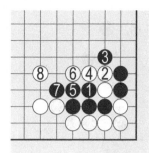

题 195 ¾ 失败

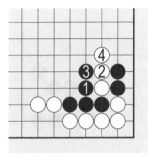

题 195 ⁴⁄₄ 失败

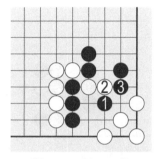

题 196 ⅓ 正解

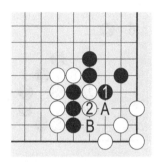

题 196 ⅔ 失败

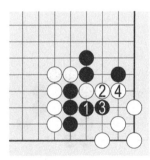

题 196 ³⁄₃ 失败

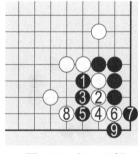

题 197 ⅓ 正解

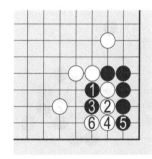

题 197 ⅔ 失败

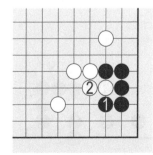

题 197 ³⁄₃ 失败

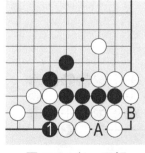

题 198 ½ 正解

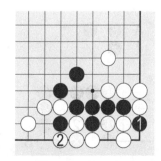

题 198 ²⁄₂ 失败

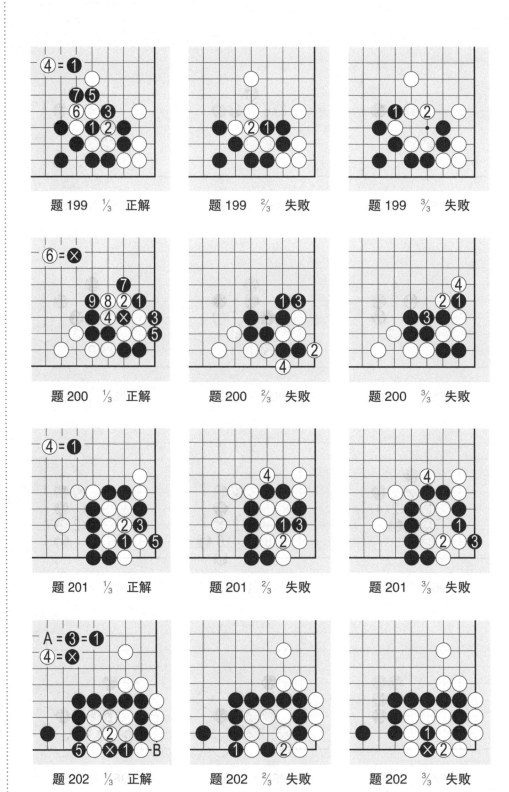

④＝❶

题 199　⅓　正解

题 199　⅔　失败

题 199　⅔　失败

⑥＝✕

题 200　⅓　正解

题 200　⅔　失败

题 200　⅔　失败

④＝❶

题 201　⅓　正解

题 201　⅔　失败

题 201　⅔　失败

A＝❸＝❶
④＝✕

题 202　⅓　正解

题 202　⅔　失败

题 202　⅔　失败

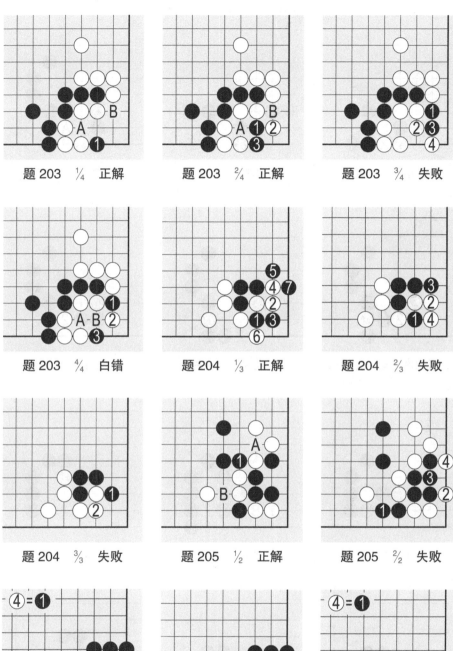

題 203 ¼ 正解　　　題 203 ²⁄₄ 正解　　　題 203 ³⁄₄ 失败

題 203 ⁴⁄₄ 白错　　　題 204 ⅓ 正解　　　題 204 ²⁄₃ 失败

題 204 ³⁄₃ 失败　　　題 205 ½ 正解　　　題 205 ²⁄₂ 失败

④＝❶　　　　　　　　　　　　　　　　　④＝❶

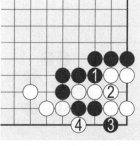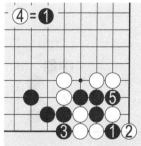

題 206 ½ 正解　　　題 206 ²⁄₂ 失败　　　題 207 ⅓ 正解

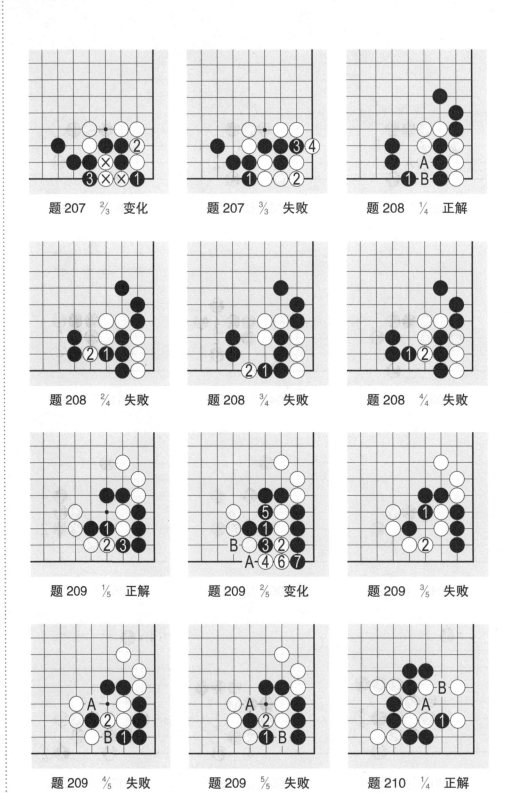

題207 ²⁄₃ 変化　　　題207 ³⁄₃ 失败　　　題208 ¼ 正解

題208 ²⁄₄ 失败　　　題208 ³⁄₄ 失败　　　題208 ⁴⁄₄ 失败

題209 ¹⁄₅ 正解　　　題209 ²⁄₅ 変化　　　題209 ³⁄₅ 失败

題209 ⁴⁄₅ 失败　　　題209 ⁵⁄₅ 失败　　　題210 ¼ 正解

题210 $\frac{2}{4}$ 失败

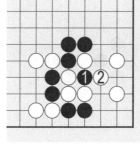

题210 $\frac{3}{4}$ 失败

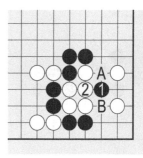

题210 $\frac{4}{4}$ 失败

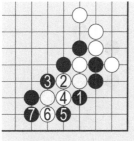

题211 $\frac{1}{4}$ 正解

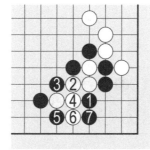

题211 $\frac{2}{4}$ 变化

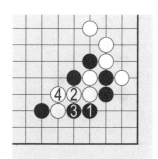

题211 $\frac{3}{4}$ 失败

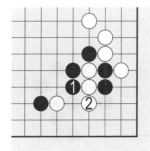

题211 $\frac{4}{4}$ 失败

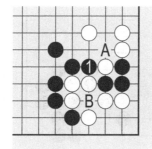

题212 $\frac{1}{3}$ 正解

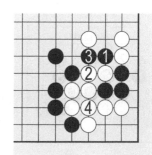

题212 $\frac{2}{3}$ 失败

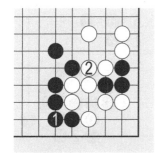

题212 $\frac{3}{3}$ 失败

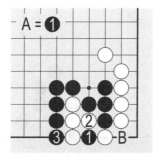

题213 $\frac{1}{2}$ 正解

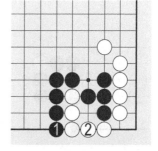

题213 $\frac{2}{2}$ 失败

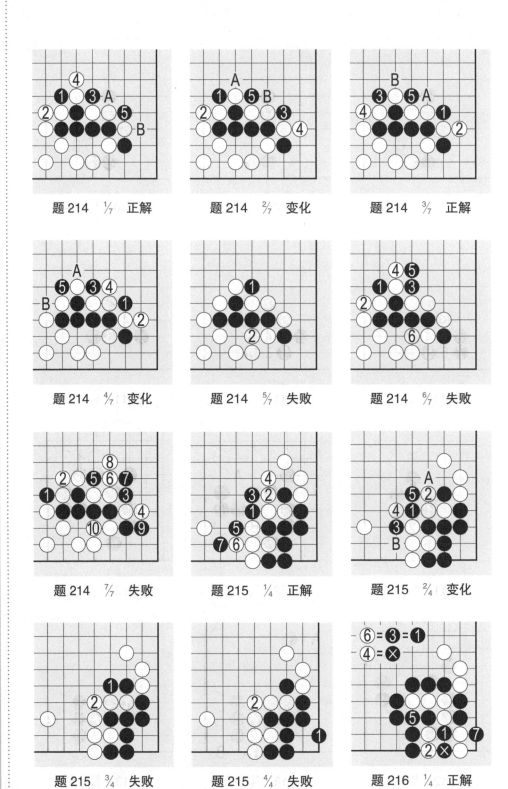

题214 ¹⁄₇ 正解　　　题214 ²⁄₇ 变化　　　题214 ³⁄₇ 正解

题214 ⁴⁄₇ 变化　　　题214 ⁵⁄₇ 失败　　　题214 ⁶⁄₇ 失败

题214 ⁷⁄₇ 失败　　　题215 ¹⁄₄ 正解　　　题215 ²⁄₄ 变化

题215 ³⁄₄ 失败　　　题215 ⁴⁄₄ 失败　　　题216 ¹⁄₄ 正解

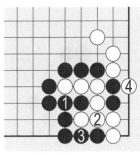

题216 ²⁄₄ 失败

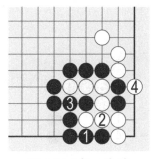

题216 ³⁄₄ 失败

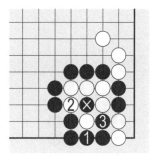

题216 ⁴⁄₄ 白错

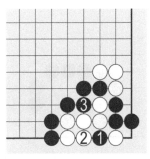

题217 ¹⁄₂ 正解

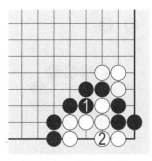

题217 ²⁄₂ 失败

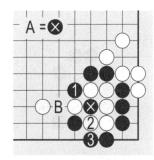

题218 ¹⁄₃ 正解

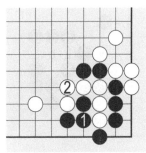

题218 ²⁄₃ 失败

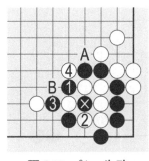

题218 ³⁄₃ 失败

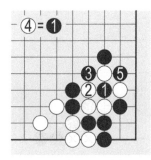

题219 ¹⁄₂ 正解

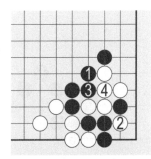

题219 ²⁄₂ 失败

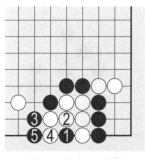

题220 ¹⁄₄ 正解

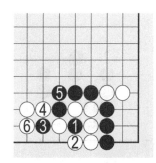

题220 ²⁄₄ 失败

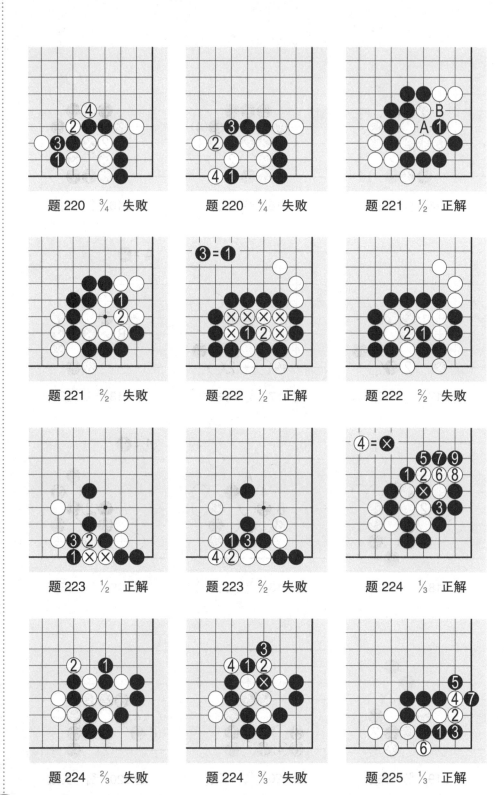

题220 ³⁄₄ 失败　　　题220 ⁴⁄₄ 失败　　　题221 ½ 正解

题221 ²⁄₂ 失败　　　题222 ½ 正解　　　题222 ²⁄₂ 失败

题223 ½ 正解　　　题223 ²⁄₂ 失败　　　题224 ⅓ 正解

题224 ²⁄₃ 失败　　　题224 ³⁄₃ 失败　　　题225 ⅓ 正解

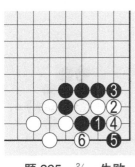

题 225　2/3　失败

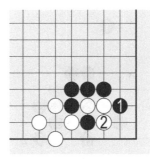

题 225　3/3　失败

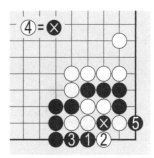

题 226　1/4　正解

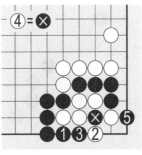

题 226　2/4　正解

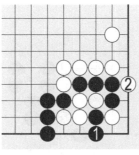

题 226　3/4　失败

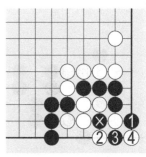

题 226　4/4　失败　劫

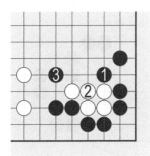

题 227　1/4　正解

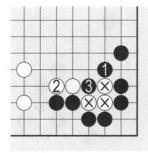

题 227　2/4　失败

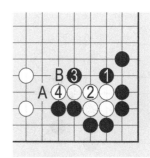

题 227　3/4　失败

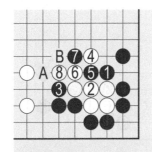

题 227　4/4　失败

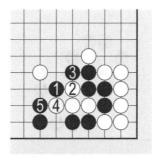

题 228　1/3　正解

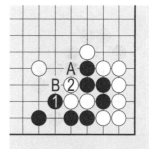

题 228　2/3　失败

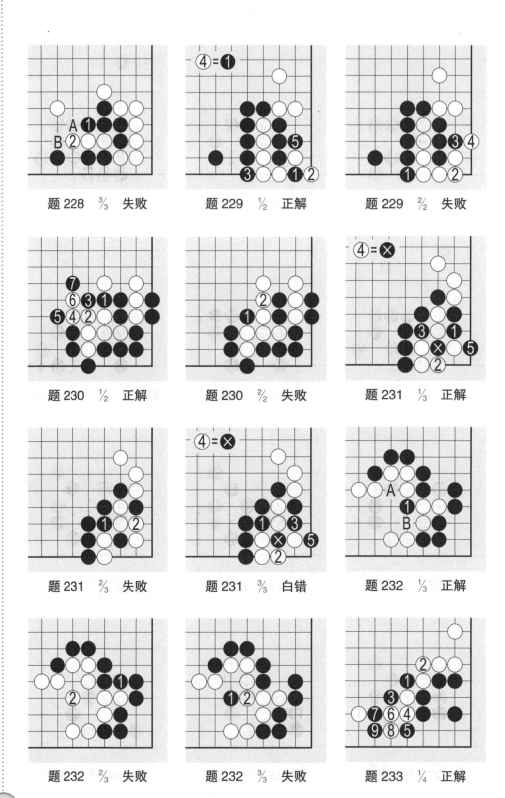

题228　³⁄₃　失败　　　题229　¹⁄₂　正解　　　题229　²⁄₂　失败

题230　¹⁄₂　正解　　　题230　²⁄₂　失败　　　题231　¹⁄₃　正解

题231　²⁄₃　失败　　　题231　³⁄₃　白错　　　题232　¹⁄₃　正解

题232　²⁄₃　失败　　　题232　³⁄₃　失败　　　题233　¹⁄₄　正解

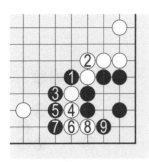

题233 ²/₄ 变化

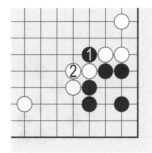

题233 ³/₄ 失败

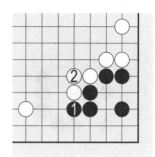

题233 ⁴/₄ 失败

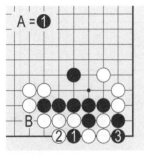

题234 ¹/₄ 正解

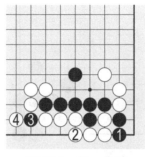

题234 ²/₄ 失败

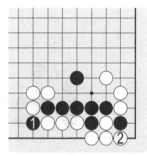

题234 ³/₄ 失败

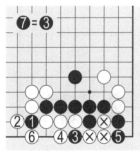

题234 ⁴/₄ 白错

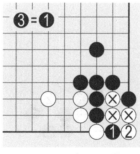

题235 ¹/₄ 正解

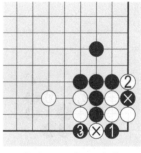

题235 ²/₄ 变化

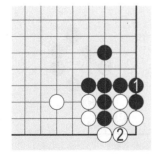

题235 ³/₄ 失败

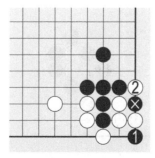

题235 ⁴/₄ 失败

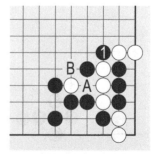

题236 ¹/₂ 正解

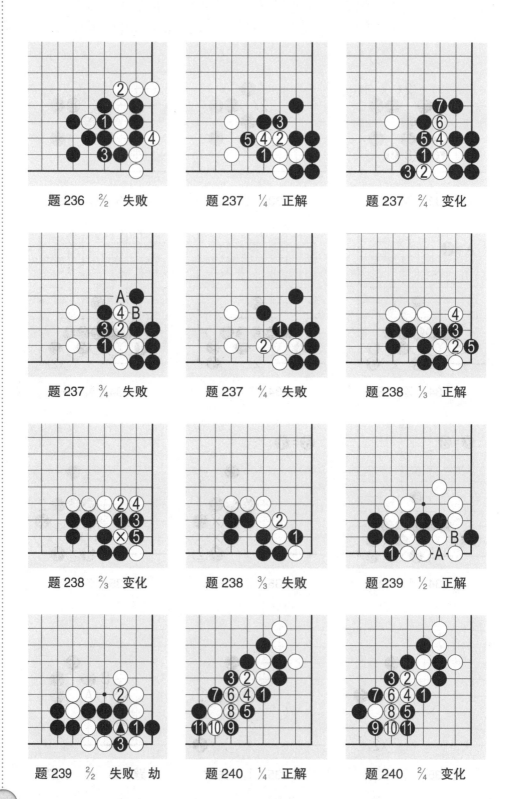

题236 ²⁄₂ 失败　　题237 ¹⁄₄ 正解　　题237 ²⁄₄ 变化

题237 ³⁄₄ 失败　　题237 ⁴⁄₄ 失败　　题238 ¹⁄₃ 正解

题238 ²⁄₃ 变化　　题238 ³⁄₃ 失败　　题239 ¹⁄₂ 正解

题239 ²⁄₂ 失败　劫　　题240 ¹⁄₄ 正解　　题240 ²⁄₄ 变化

自测题

参考答案

110

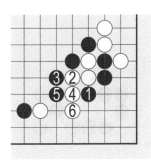

题 240 ¾ 失败

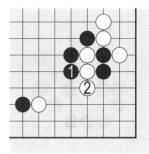

题 240 4⁄4 失败

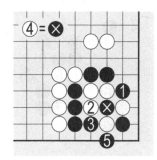

题 241 ⅓ 正解

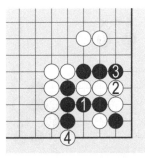

题 241 ⅔ 失败

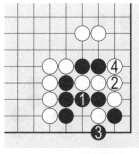

题 241 3⁄3 失败

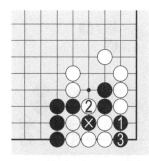

题 242 ½ 正解

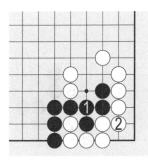

题 242 2⁄2 失败

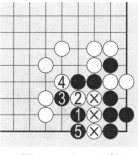

题 243 ¼ 正解

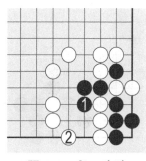

题 243 2⁄4 失败

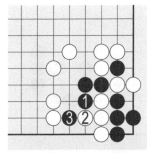

题 243 ¾ 白错

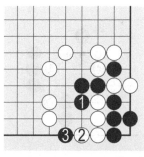

题 243 4⁄4 白错

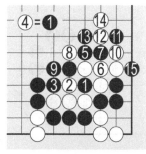

题 244 ¼ 正解

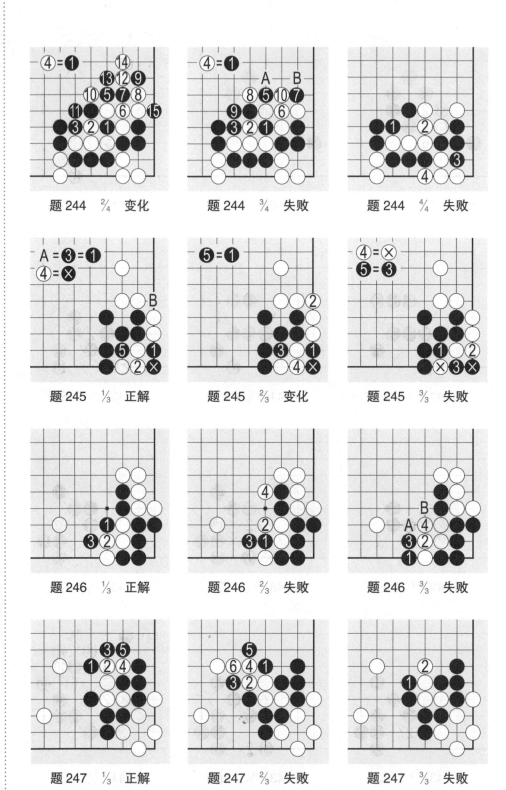

題244 ²/₄ 变化　　　題244 ³/₄ 失败　　　題244 ⁴/₄ 失败

題245 ¹/₃ 正解　　　題245 ²/₃ 变化　　　題245 ³/₃ 失败

題246 ¹/₃ 正解　　　題246 ²/₃ 失败　　　題246 ³/₃ 失败

題247 ¹/₃ 正解　　　題247 ²/₃ 失败　　　題247 ³/₃ 失败

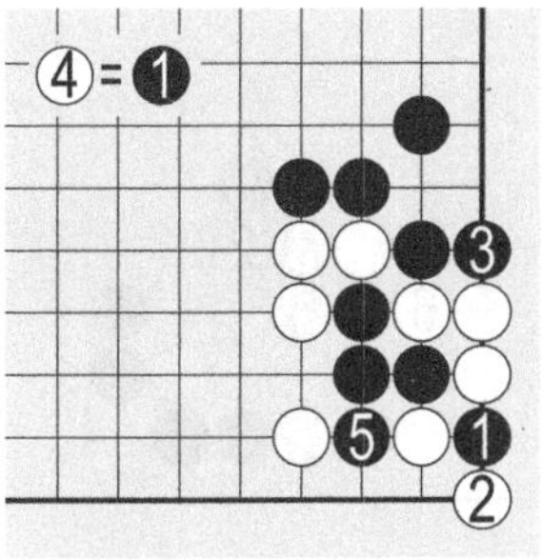

题 248 1/3 正解

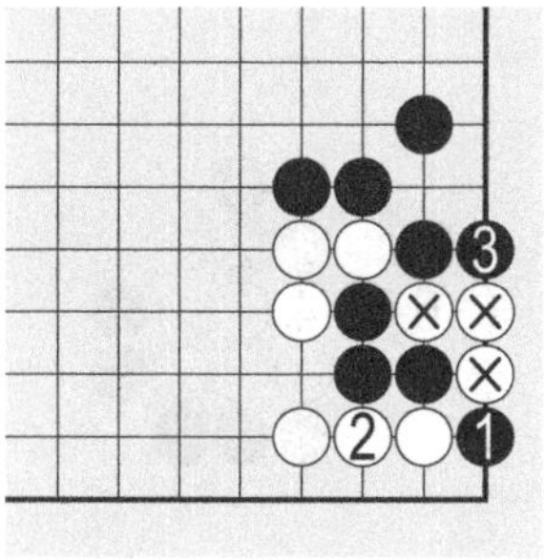

题 248 2/3 变化

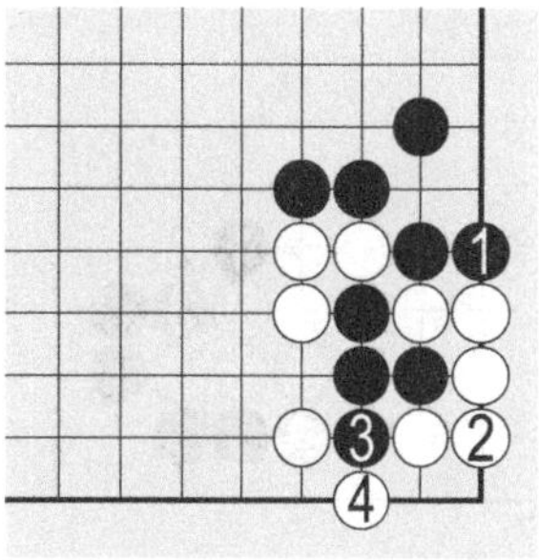

题 248 3/3 失败

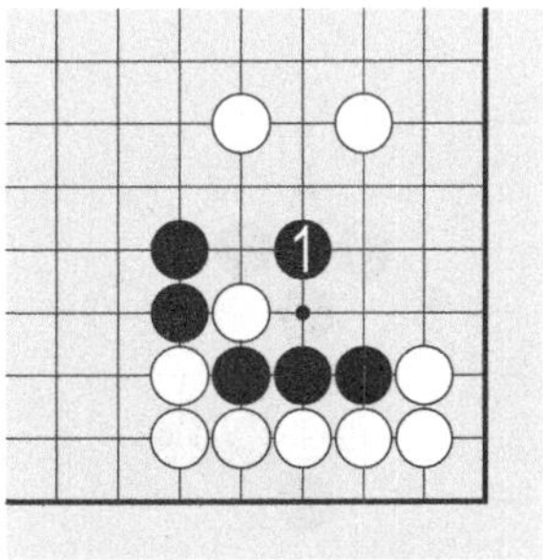

题 249 1/3 正解

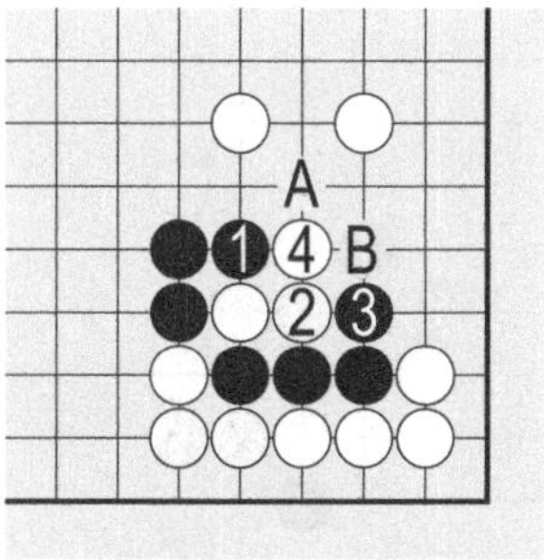

题 249 2/3 失败

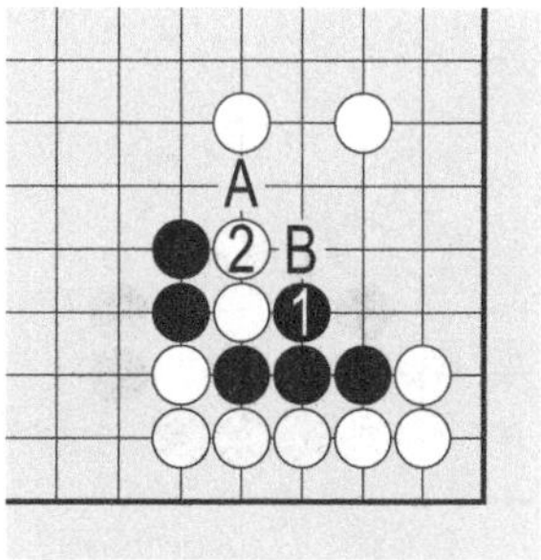

题 249 3/3 失败

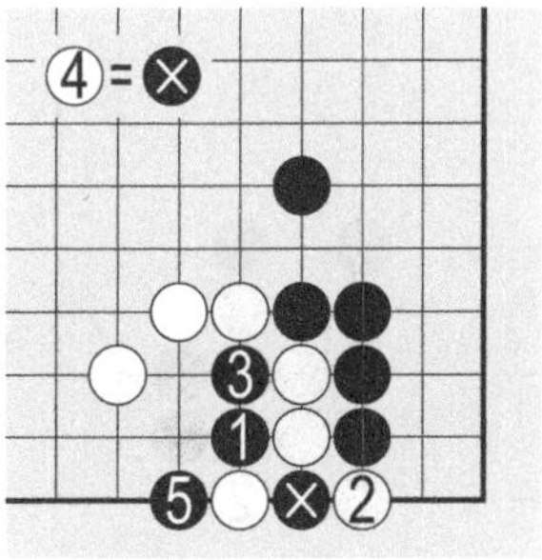

题 250 1/5 正解

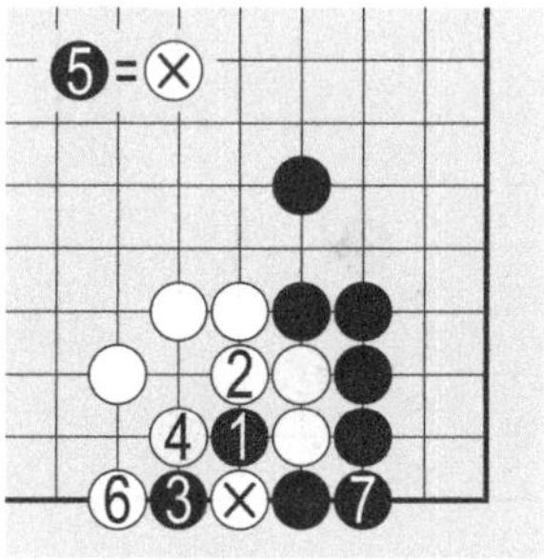

题 250 2/5 变化

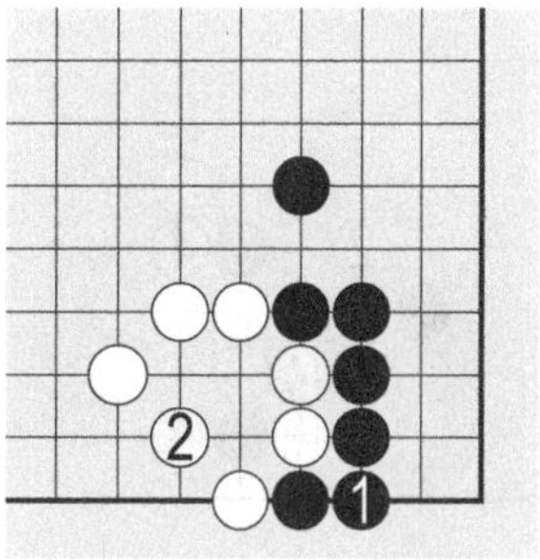

题 250 3/5 失败

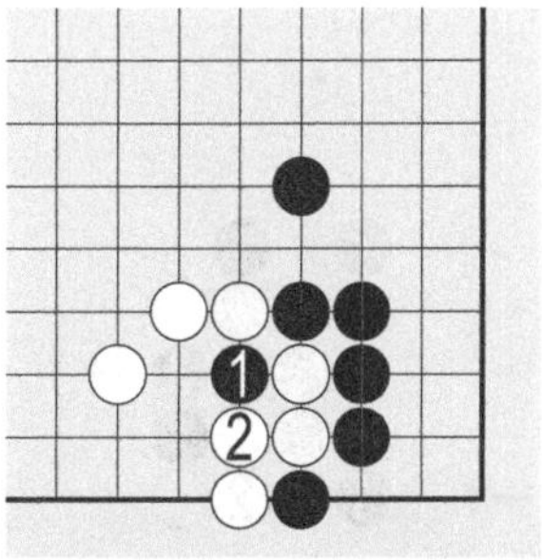

题 250 4/5 失败

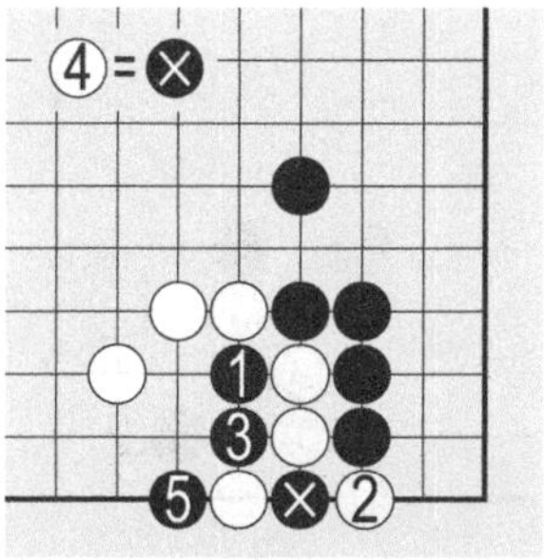

题 250 5/5 白错

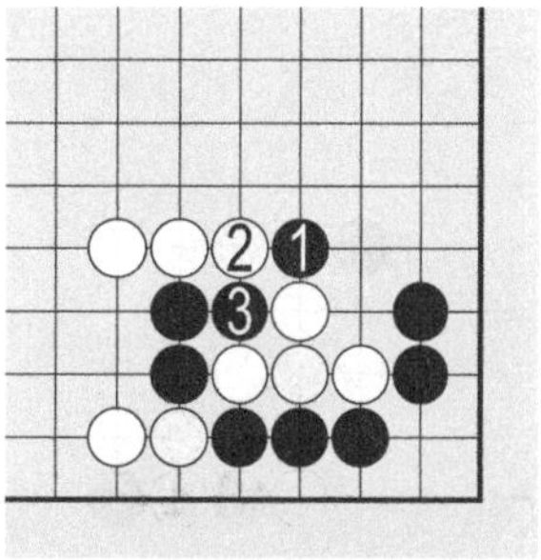

题 251 1/5 正解

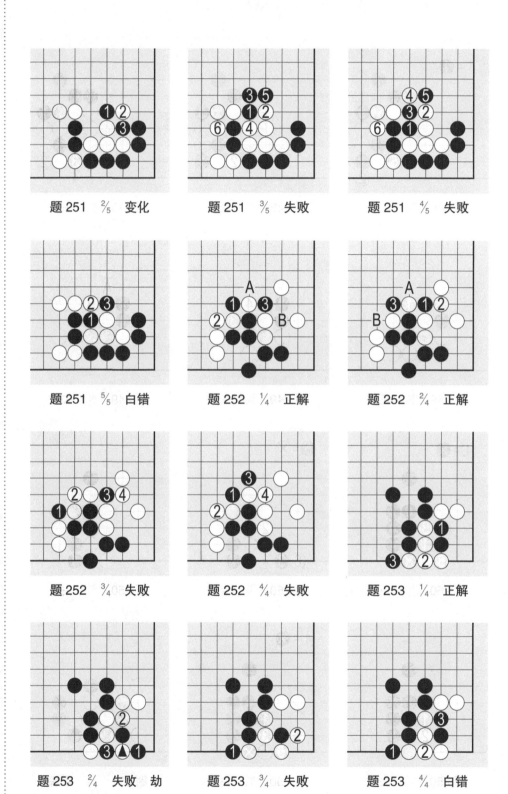

题251 ²/₅ 变化　　　题251 ³/₅ 失败　　　题251 ⁴/₅ 失败

题251 ⁵/₅ 白错　　　题252 ¹/₄ 正解　　　题252 ²/₄ 正解

题252 ³/₄ 失败　　　题252 ⁴/₄ 失败　　　题253 ¹/₄ 正解

题253 ²/₄ 失败 劫　　　题253 ³/₄ 失败　　　题253 ⁴/₄ 白错

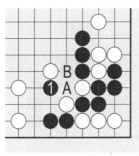

题 254　⅓　正解

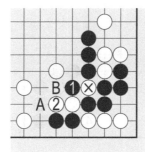

题 254　⅔　失败

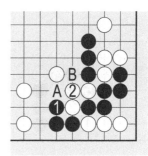

题 254　⅓　失败

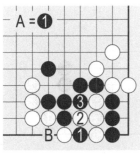

题 255　½　正解

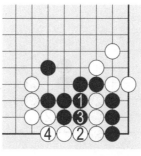

题 255　⅔　失败

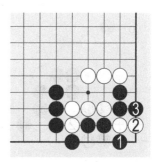

题 256　⅓　正解

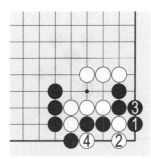

题 256　⅔　失败

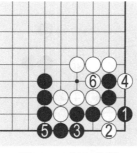

题 256　⅓　失败

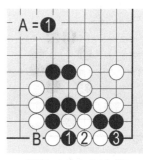

题 257　⅓　正解

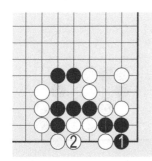

题 257　⅔　失败

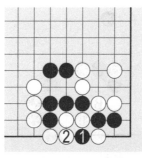

题 257　⅓　失败

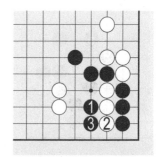

题 258　¼　正解

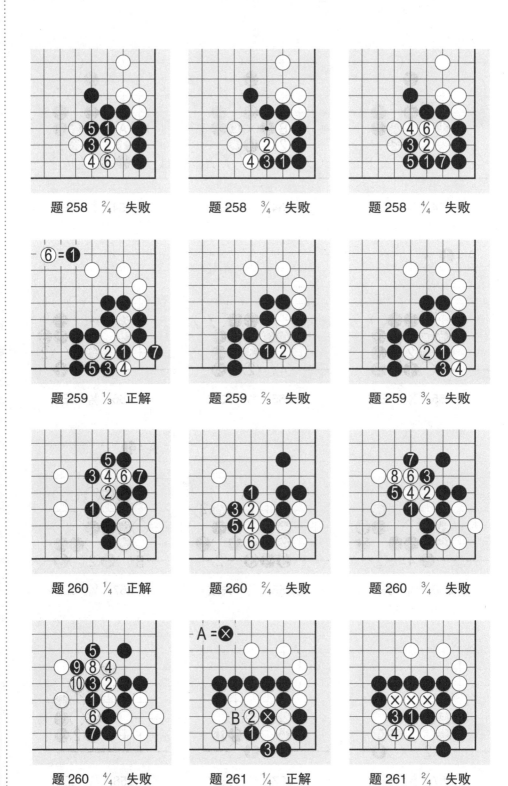

題258 ²⁄₄ 失败　　　題258 ³⁄₄ 失败　　　題258 ⁴⁄₄ 失败

題259 ¹⁄₃ 正解　　　題259 ²⁄₃ 失败　　　題259 ³⁄₃ 失败

題260 ¹⁄₄ 正解　　　題260 ²⁄₄ 失败　　　題260 ³⁄₄ 失败

題260 ⁴⁄₄ 失败　　　題261 ¹⁄₄ 正解　　　題261 ²⁄₄ 失败

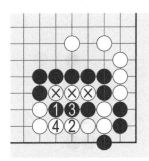

题 261 ¾ 失败

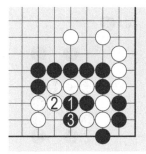

题 261 ⁴⁄₄ 白错

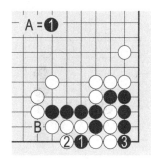

题 262 ¼ 正解

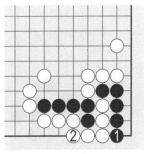

题 262 ²⁄₄ 失败

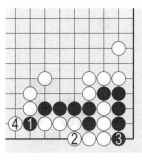

题 262 ³⁄₄ 失败

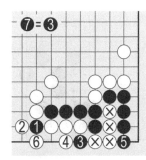

题 262 ⁴⁄₄ 白错

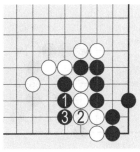

题 263 ⅓ 正解

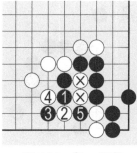

题 263 ⅔ 变化

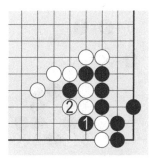

题 263 ⅗ 失败

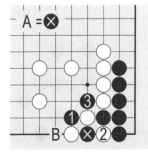

题 264 ¼ 正解

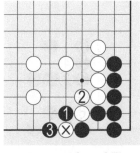

题 264 ²⁄₄ 变化

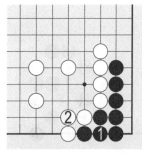

题 264 ¾ 失败

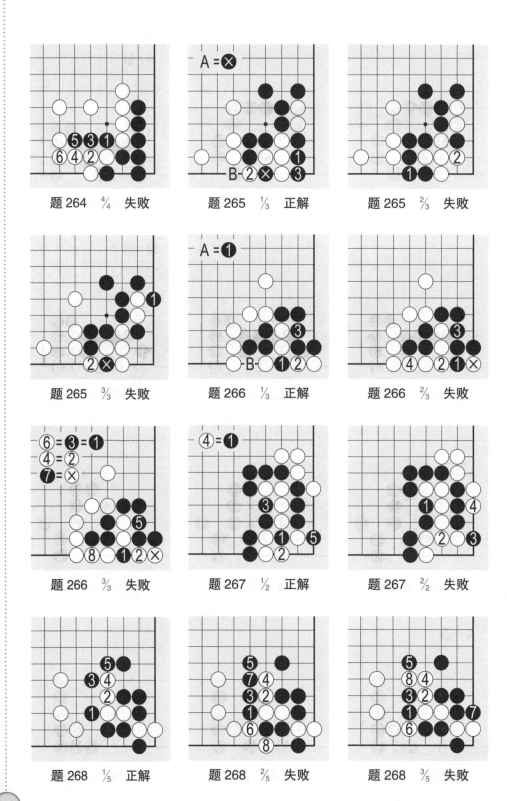

题 264 ⁴⁄₄ 失败　　题 265 ⅓ 正解　　题 265 ⅔ 失败

A = ⓧ

题 265 ³⁄₃ 失败　　题 266 ⅓ 正解　　题 266 ⅔ 失败

A = ❶

题 266 ³⁄₃ 失败　　题 267 ½ 正解　　题 267 ²⁄₂ 失败

题 268 ⅕ 正解　　题 268 ²⁄₅ 失败　　题 268 ³⁄₅ 失败

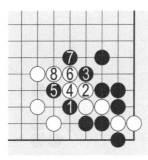

題268 ⁴/₅ 失败

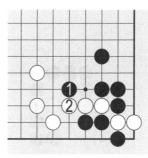

題268 ⁵/₅ 失败

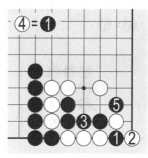

題269 ¼ 正解

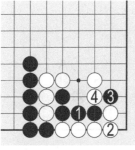

題269 ²/₄ 失败

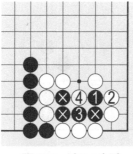

題269 ³/₄ 失败

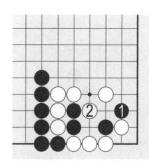

題269 ⁴/₄ 失败

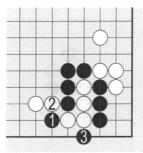

題270 ½ 正解

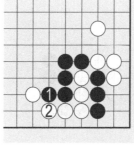

題270 ²/₂ 失败

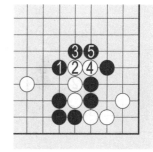

題271 ⅓ 正解

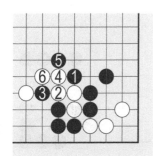

題271 ²/₃ 失败

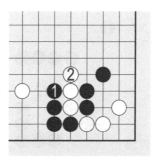

題271 ³/₃ 失败

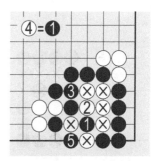

題272 ¼ 正解

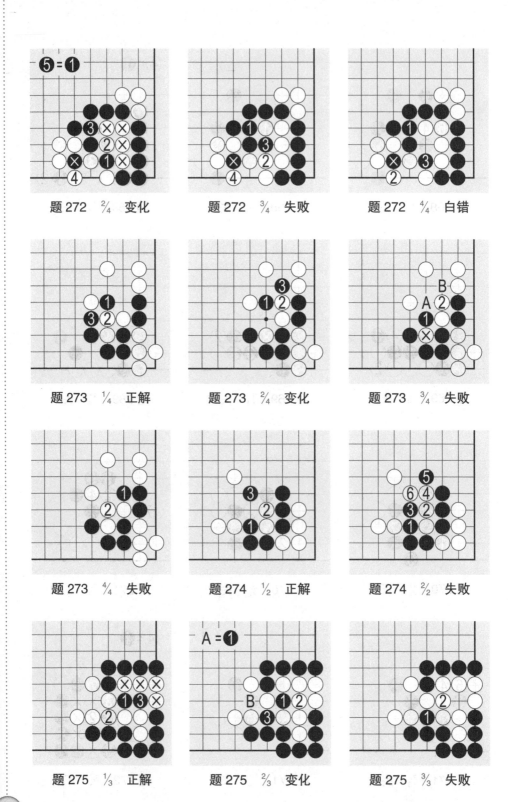

題272 $\frac{2}{4}$ 变化　　　題272 $\frac{3}{4}$ 失败　　　題272 $\frac{4}{4}$ 白错

題273 $\frac{1}{4}$ 正解　　　題273 $\frac{2}{4}$ 变化　　　題273 $\frac{3}{4}$ 失败

題273 $\frac{4}{4}$ 失败　　　題274 $\frac{1}{2}$ 正解　　　題274 $\frac{2}{2}$ 失败

題275 $\frac{1}{3}$ 正解　　　題275 $\frac{2}{3}$ 变化　　　題275 $\frac{3}{3}$ 失败

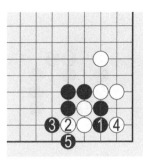

题 276 ¼ 正解

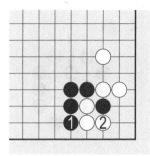

题 276 2/4 失败

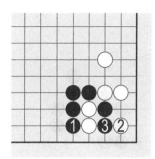

题 276 ¾ 白错

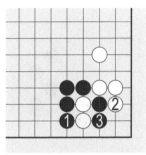

题 276 4/4 白错

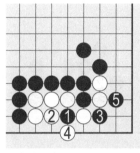

题 277 1/7 正解

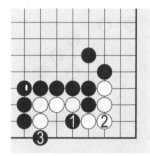

题 277 2/7 变化

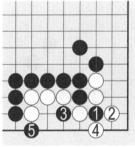

题 277 3/7 正解

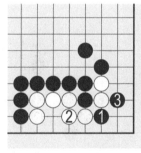

题 277 4/7 变化

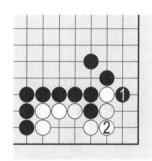

题 277 5/7 失败

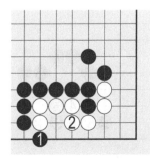

题 277 6/7 失败

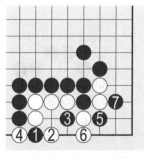

题 277 7/7 白错

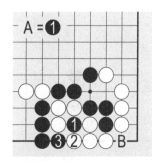

题 278 ½ 正解

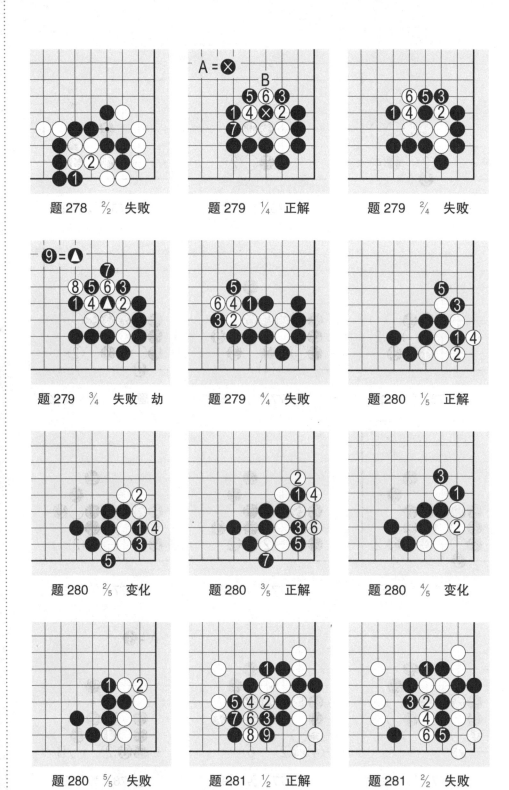

題278　2/2　失敗　　　題279　1/4　正解　　　題279　2/4　失敗

題279　3/4　失敗　劫　　題279　4/4　失敗　　　題280　1/5　正解

題280　2/5　変化　　　題280　3/5　正解　　　題280　4/5　変化

題280　5/5　失敗　　　題281　1/2　正解　　　題281　2/2　失敗

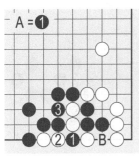

题282 ¼ 正解

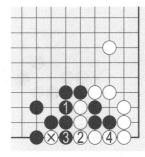

题282 ²⁄₄ 失败

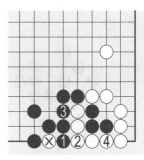

题282 ³⁄₄ 失败

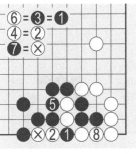

题282 ⁴⁄₄ 失败

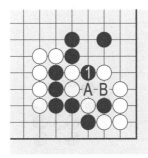

题283 ½ 正解

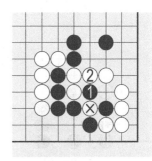

题283 ²⁄₂ 失败

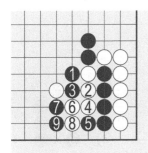

题284 ⅓ 正解

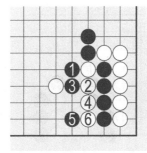

题284 ²⁄₃ 失败

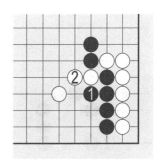

题284 ³⁄₃ 失败

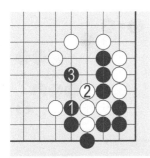

题285 ⅓ 正解

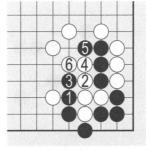

题285 ²⁄₃ 失败

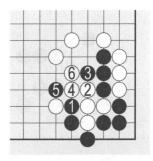

题285 ³⁄₃ 失败

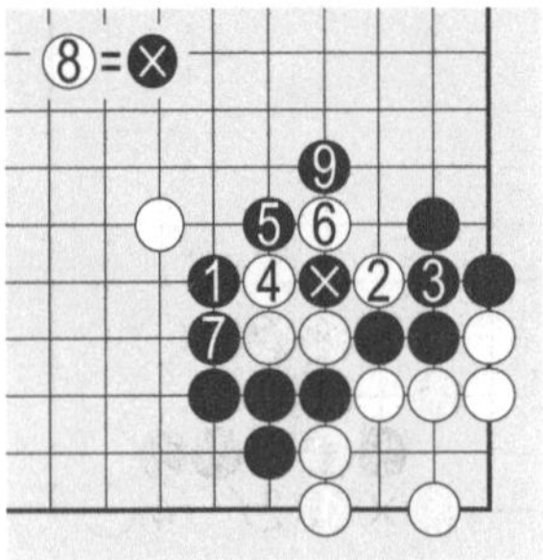

题 286 1/3 正解

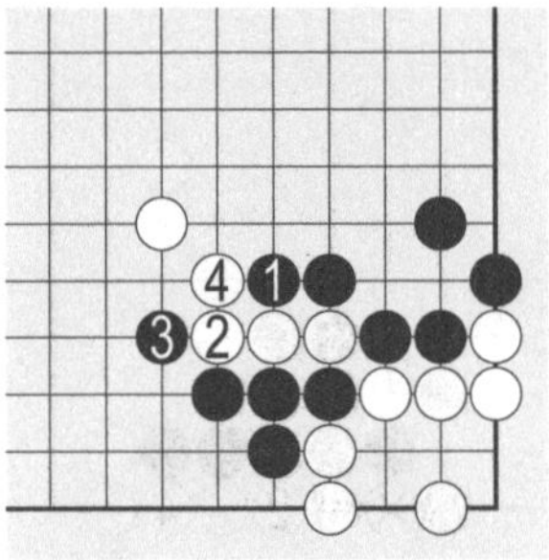

题 286 2/3 失败

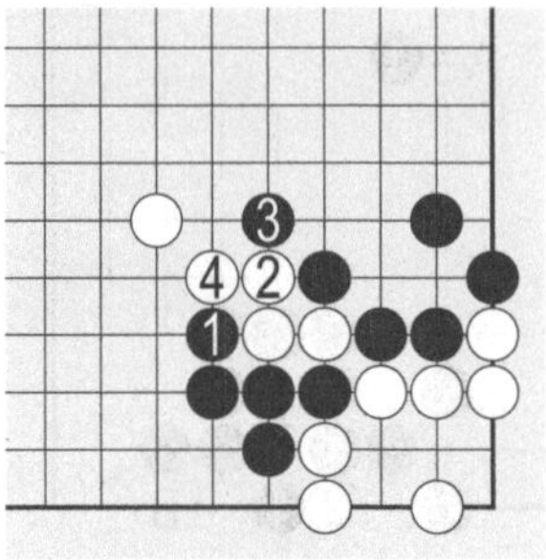

题 286 3/3 失败

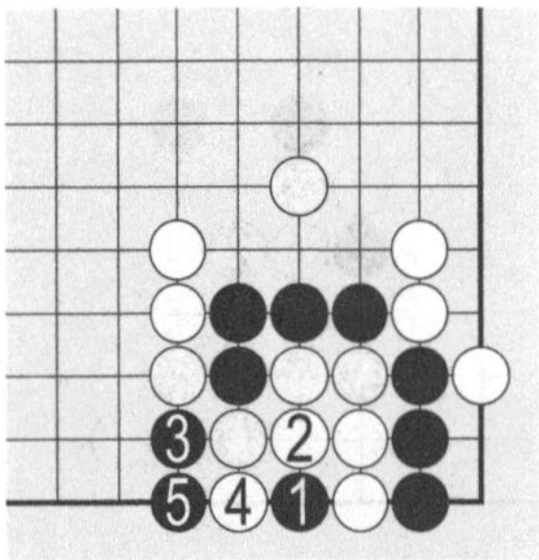

题 287 1/6 正解

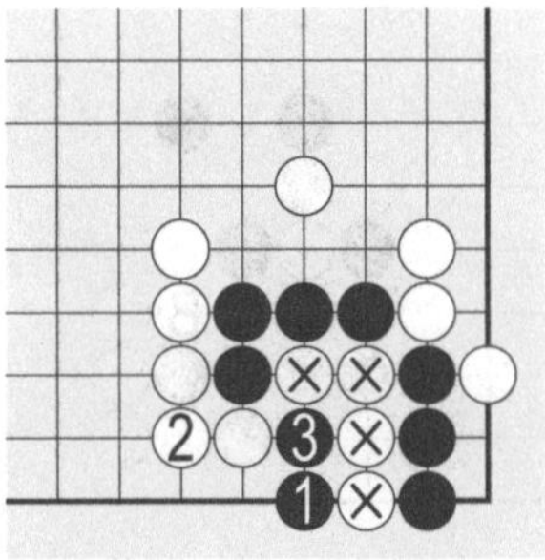

题 287 2/6 变化

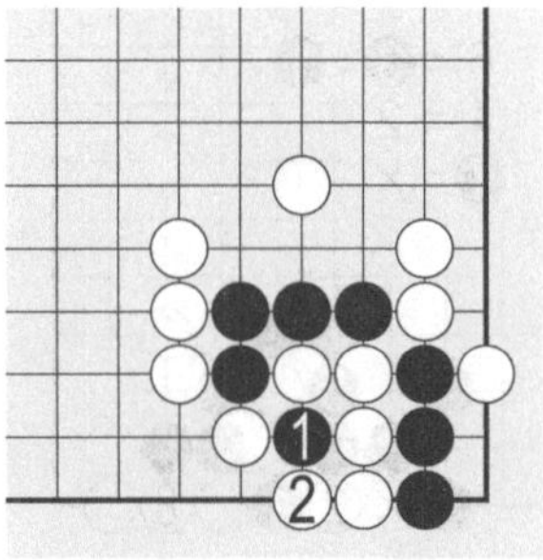

题 287 3/6 失败

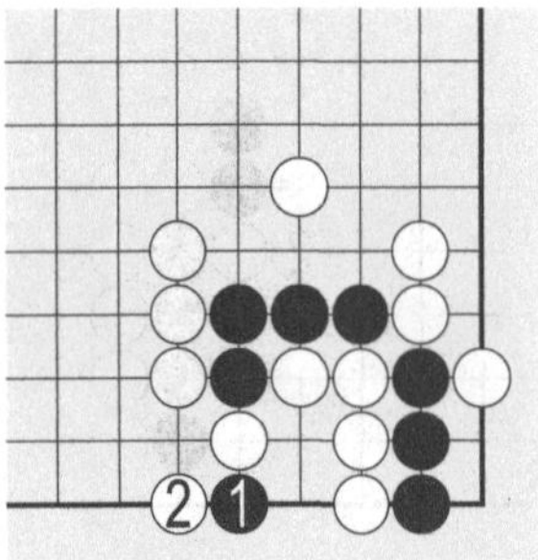

题 287 4/6 失败

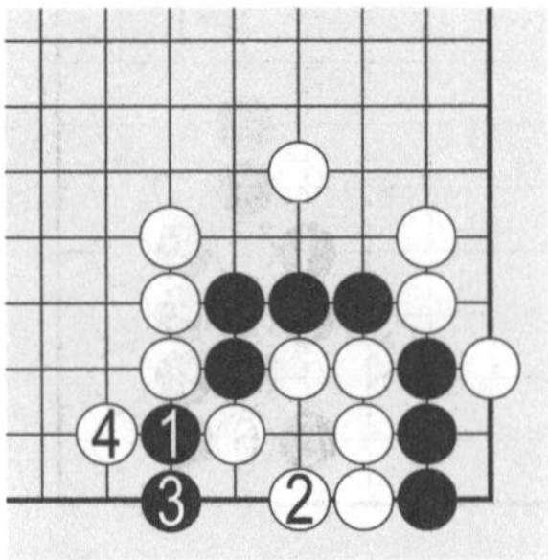

题 287 5/6 失败

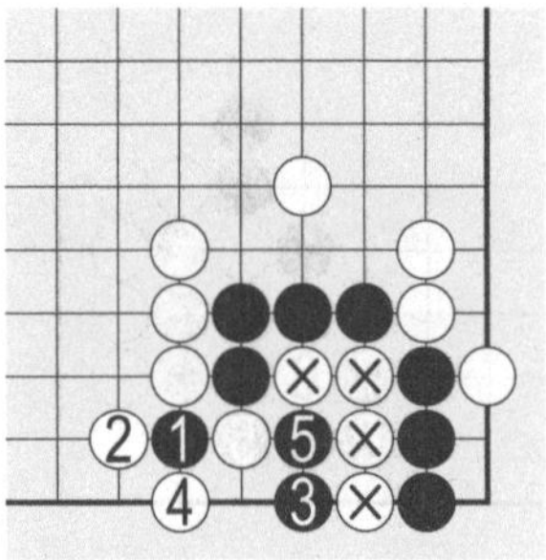

题 287 6/6 白错

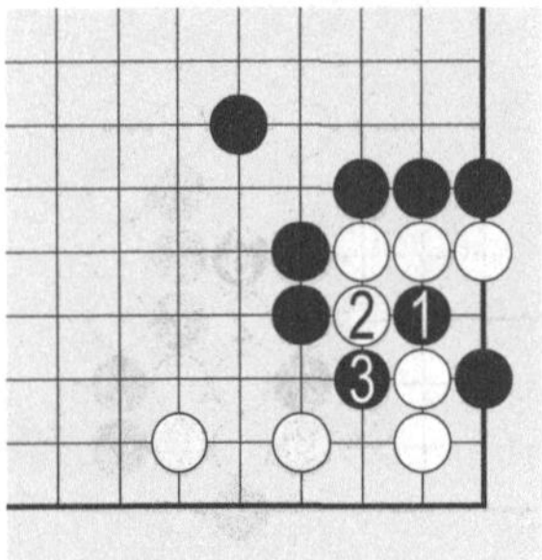

题 288 1/3 正解

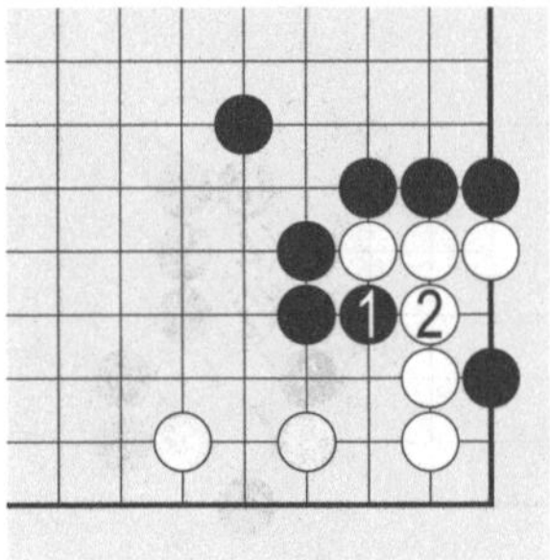

题 288 2/3 失败

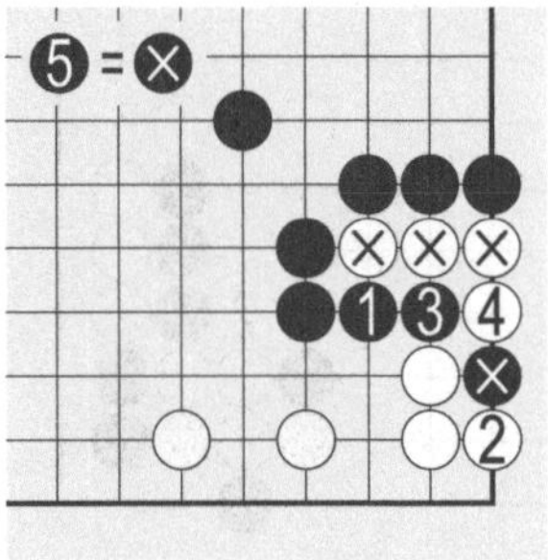

题 288 3/3 白错

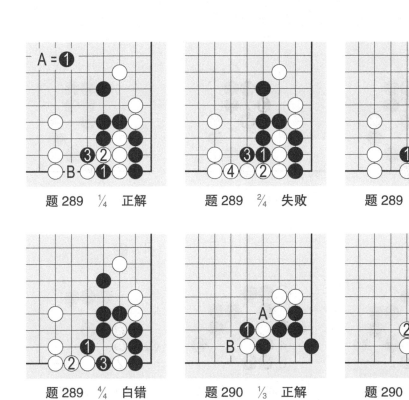

题289　¼　正解　　　　题289　²⁄₄　失败　　　　题289　³⁄₄　失败

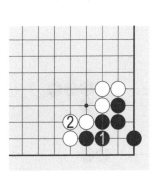

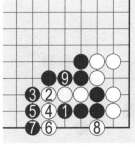

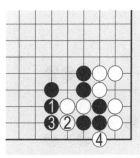

题289　⁴⁄₄　白错　　　　题290　⅓　正解　　　　题290　²⁄₃　失败

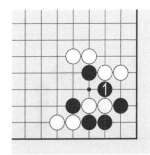

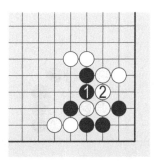

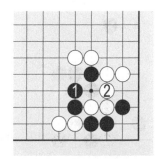

题290　³⁄₃　失败　　　　题291　½　正解　　　　题291　²⁄₂　失败

题292　⅓　正解　　　　题292　²⁄₃　失败　　　　题292　³⁄₃　失败

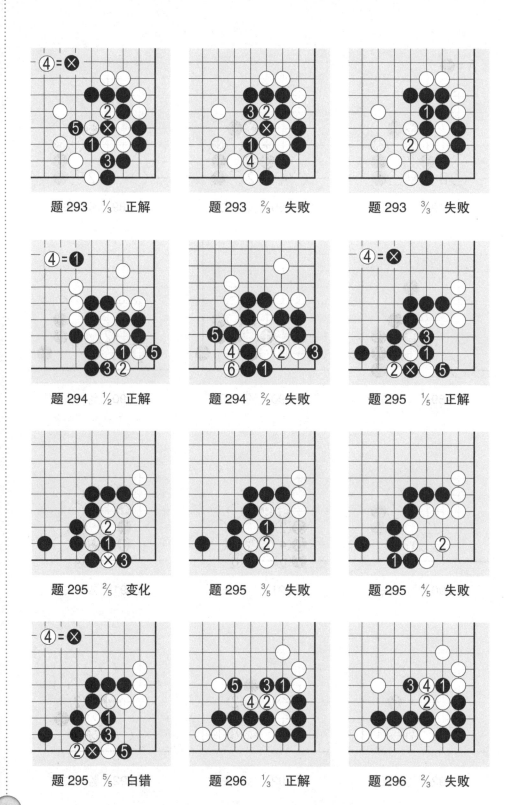

題293　⅓　正解　　　　題293　⅔　失敗　　　　題293　3/3　失敗

題294　½　正解　　　　題294　2/2　失敗　　　　題295　⅕　正解

題295　⅖　変化　　　　題295　⅗　失敗　　　　題295　⅘　失敗

題295　5/5　白錯　　　　題296　⅓　正解　　　　題296　⅔　失敗

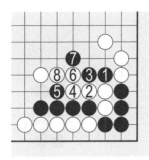

题 296 ³⁄₃ 失败

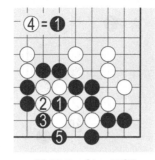

题 297 ¹⁄₂ 正解

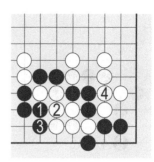

题 297 ²⁄₂ 失败

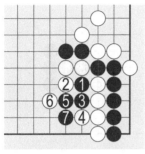

题 298 ¹⁄₅ 正解

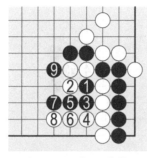

题 298 ²⁄₅ 变化

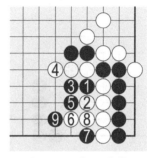

题 298 ³⁄₅ 变化

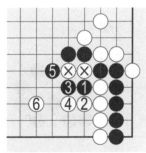

题 298 ⁴⁄₅ 变化

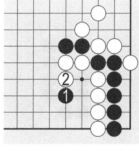

题 298 ⁵⁄₅ 失败

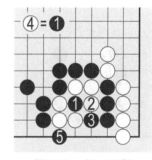

题 299 ¹⁄₅ 正解

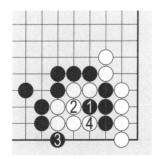

题 299 ²⁄₅ 失败

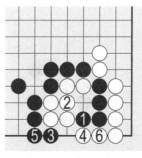

题 299 ³⁄₅ 失败

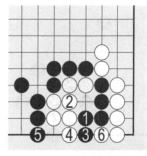

题 299 ⁴⁄₅ 失败

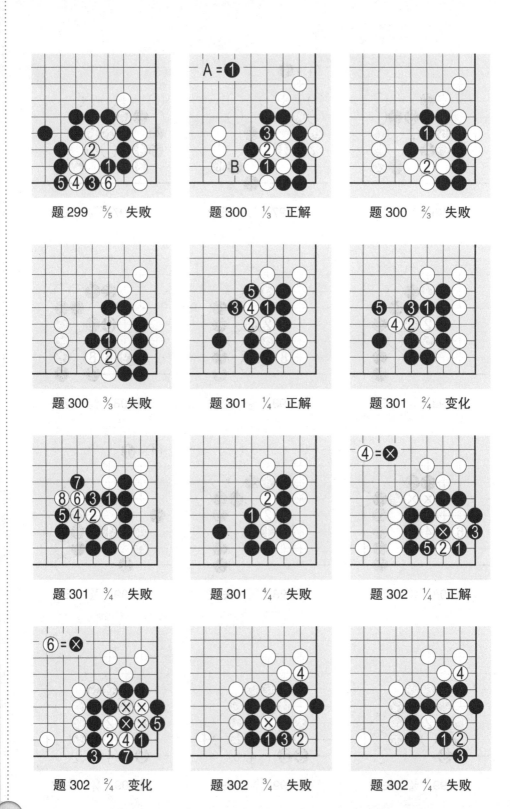

题299　⁵⁄₅　失败　　　　题300　¹⁄₃　正解　　　　题300　²⁄₃　失败

题300　³⁄₃　失败　　　　题301　¹⁄₄　正解　　　　题301　²⁄₄　变化

题301　³⁄₄　失败　　　　题301　⁴⁄₄　失败　　　　题302　¹⁄₄　正解

题302　²⁄₄　变化　　　　题302　³⁄₄　失败　　　　题302　⁴⁄₄　失败

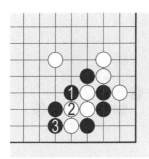

题 303　¼　正解

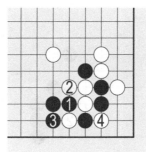

题 303　²⁄₄　失败

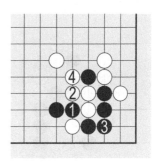

题 303　³⁄₄　失败

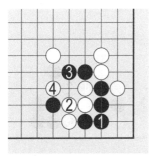

题 303　⁴⁄₄　失败

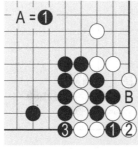

题 304　½　正解

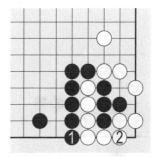

题 304　²⁄₂　失败

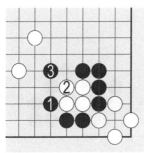

题 305　¼　正解

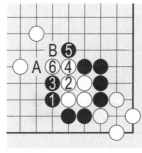

题 305　²⁄₄　失败

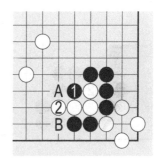

题 305　³⁄₄　失败

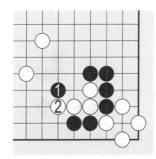

题 305　⁴⁄₄　失败

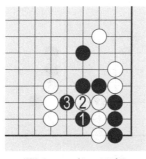

题 306　¼　正解

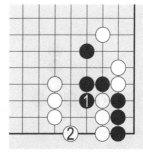

题 306　²⁄₄　失败

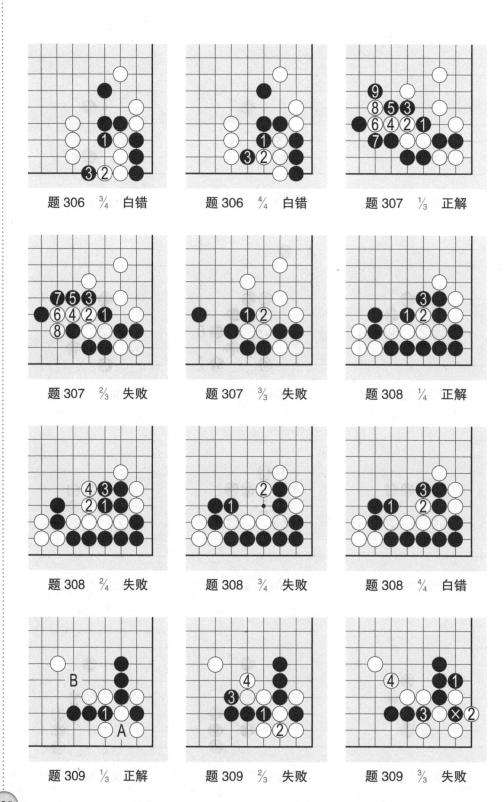

题306 ¾ 白错　　　题306 ⁴⁄₄ 白错　　　题307 ⅓ 正解

题307 ⅔ 失败　　　题307 ⅓ 失败　　　题308 ¼ 正解

题308 ²⁄₄ 失败　　　题308 ¾ 失败　　　题308 ⁴⁄₄ 白错

题309 ⅓ 正解　　　题309 ⅔ 失败　　　题309 ⅓ 失败

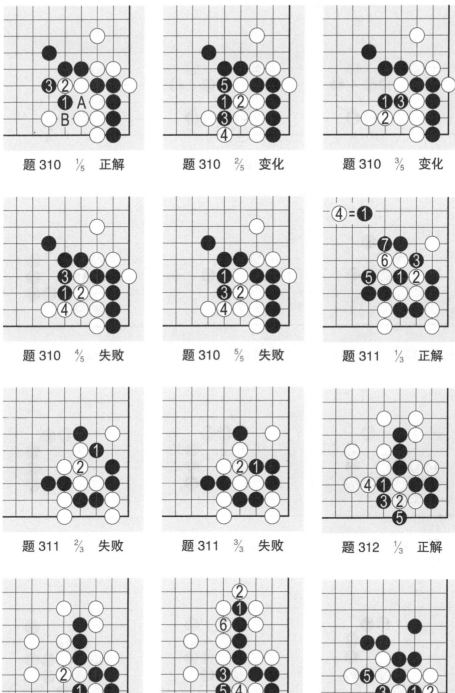

題310 $\frac{1}{5}$ 正解　　題310 $\frac{2}{5}$ 変化　　題310 $\frac{3}{5}$ 変化

題310 $\frac{4}{5}$ 失敗　　題310 $\frac{5}{5}$ 失敗　　題311 $\frac{1}{3}$ 正解

題311 $\frac{2}{3}$ 失敗　　題311 $\frac{3}{3}$ 失敗　　題312 $\frac{1}{3}$ 正解

題312 $\frac{2}{3}$ 失敗　　題312 $\frac{3}{3}$ 失敗　　題313 $\frac{1}{6}$ 正解

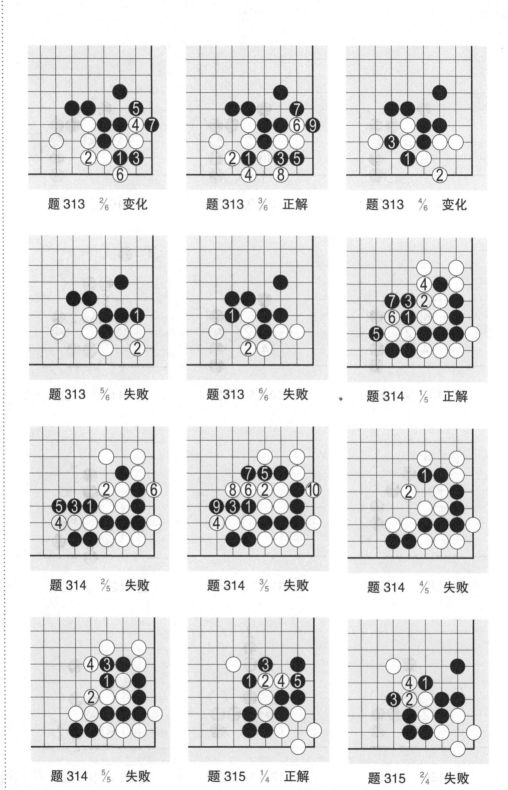

题313 ²⁄₆ 变化　　　题313 ³⁄₆ 正解　　　题313 ⁴⁄₆ 变化

题313 ⁵⁄₆ 失败　　　题313 ⁶⁄₆ 失败　　　题314 ¹⁄₅ 正解

题314 ²⁄₅ 失败　　　题314 ³⁄₅ 失败　　　题314 ⁴⁄₅ 失败

题314 ⁵⁄₅ 失败　　　题315 ¹⁄₄ 正解　　　题315 ²⁄₄ 失败

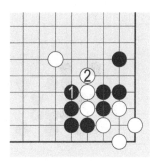

题 315 ³/₄ 失败

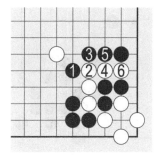

题 315 ⁴/₄ 失败

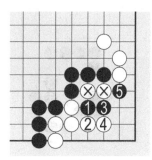

题 316 ¹/₅ 正解

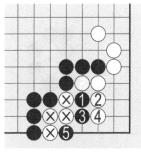

题 316 ²/₅ 变化

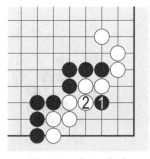

题 316 ³/₅ 失败

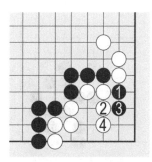

题 316 ⁴/₅ 失败

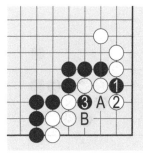

题 316 ⁵/₅ 白错

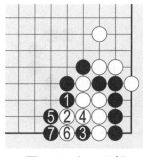

题 317 ¹/₄ 正解

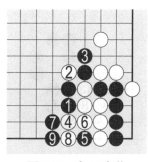

题 317 ²/₄ 变化

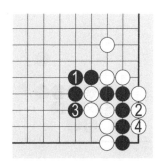

题 317 ³/₄ 失败

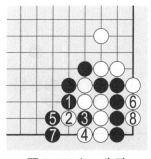

题 317 ⁴/₄ 失败

题 318 ¹/₂ 正解

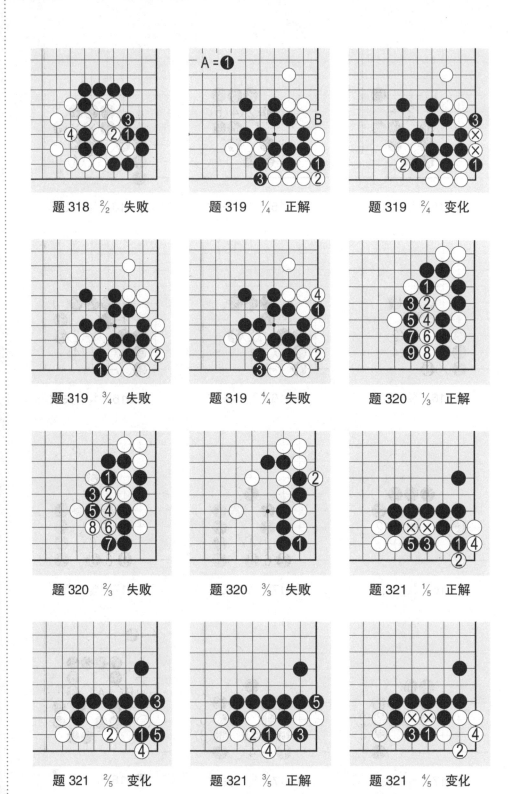

題318 ²/₂ 失败　　題319 ¼ 正解　　題319 ²/₄ 变化

A = ❶

B

題319 ¾ 失败　　題319 ⁴/₄ 失败　　題320 ⅓ 正解

題320 ²/₃ 失败　　題320 ³/₃ 失败　　題321 ⅕ 正解

題321 ²/₅ 变化　　題321 ³/₅ 正解　　題321 ⁴/₅ 变化

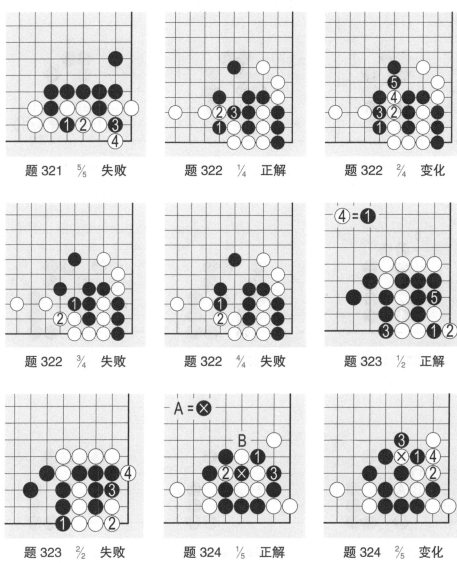

题321 ⁵⁄₅ 失败　　题322 ¹⁄₄ 正解　　题322 ²⁄₄ 变化

题322 ³⁄₄ 失败　　题322 ⁴⁄₄ 失败　　题323 ¹⁄₂ 正解

题323 ²⁄₂ 失败　　题324 ¹⁄₅ 正解　　题324 ²⁄₅ 变化

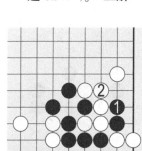

题324 ³⁄₅ 失败　　题324 ⁴⁄₅ 失败

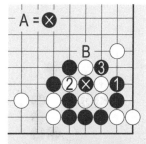

题324 ⁵⁄₅ 白错

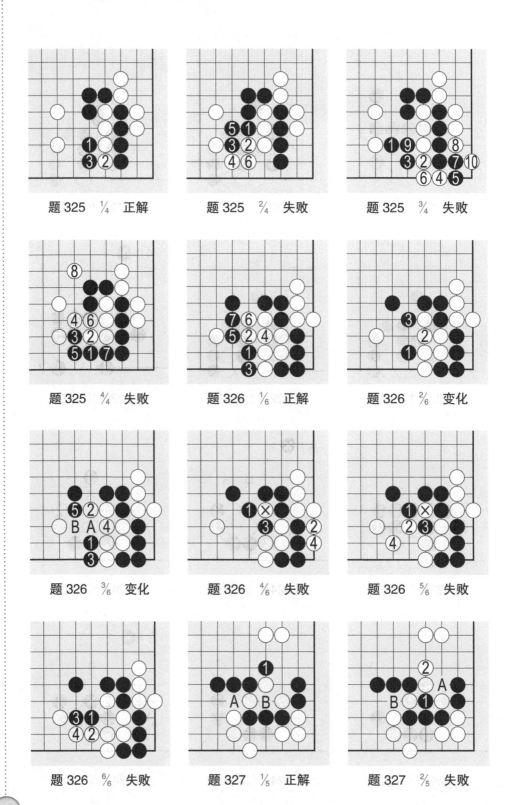

题325 1/4 正解　　　　题325 2/4 失败　　　　题325 3/4 失败

题325 4/4 失败　　　　题326 1/6 正解　　　　题326 2/6 变化

题326 3/6 变化　　　　题326 4/6 失败　　　　题326 5/6 失败

题326 6/6 失败　　　　题327 1/5 正解　　　　题327 2/5 失败

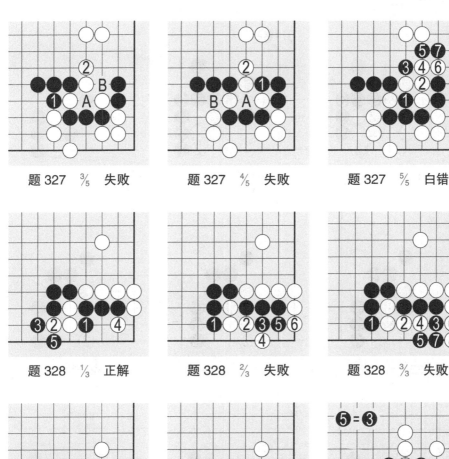

题327 ³/₅ 失败　　　题327 ⁴/₅ 失败　　　题327 ⁵/₅ 白错

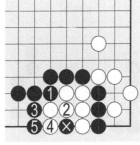
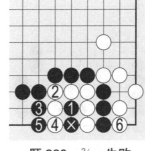
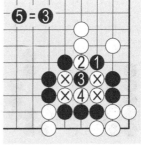

题328 ¹/₃ 正解　　　题328 ²/₃ 失败　　　题328 ³/₃ 失败

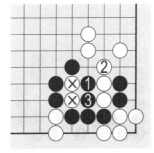
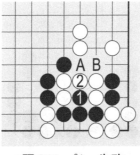
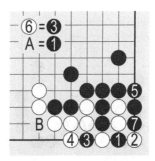

题329 ¹/₂ 正解　　　题329 ²/₂ 失败　　　题330 ¹/₃ 正解

题330 ²/₃ 失败　　　题330 ³/₃ 失败　　　题331 ¹/₃ 正解

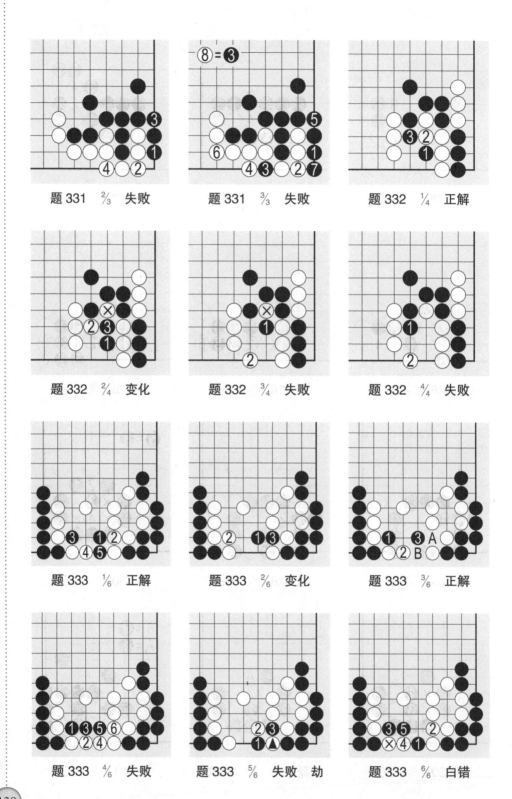

题331 ²⁄₃ 失败　　　　题331 ³⁄₃ 失败　　　　题332 ¼ 正解

题332 ²⁄₄ 变化　　　　题332 ³⁄₄ 失败　　　　题332 ⁴⁄₄ 失败

⑧=❸

题333 ⅙ 正解　　　　题333 ²⁄₆ 变化　　　　题333 ³⁄₆ 正解

题333 ⁴⁄₆ 失败　　　　题333 ⁵⁄₆ 失败　劫　　　题333 ⁶⁄₆ 白错

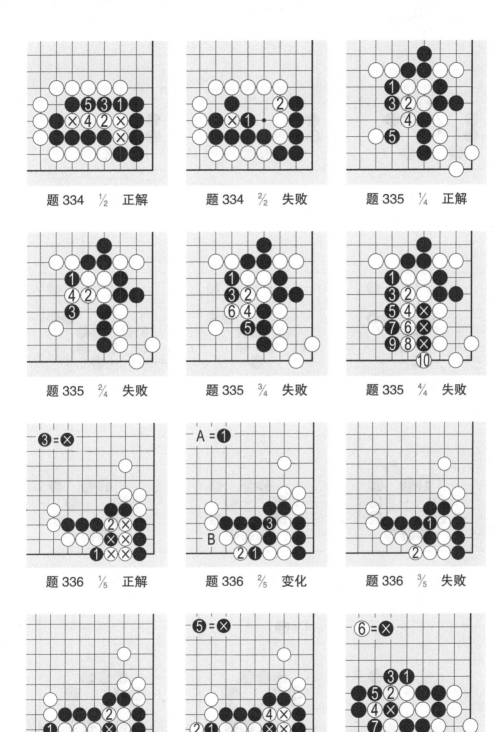

题 334 ½ 正解　　　题 334 ²⁄₂ 失败　　　题 335 ¼ 正解

题 335 ²⁄₄ 失败　　　题 335 ³⁄₄ 失败　　　题 335 ⁴⁄₄ 失败

❸=✕　　　　　　A=❶

题 336 ⅕ 正解　　　题 336 ²⁄₅ 变化　　　题 336 ³⁄₅ 失败

　　　　　　　　　❺=✕　　　　　　　⑥=✕

题 336 ⅘ 失败　　　题 336 ⁵⁄₅ 白错　　　题 337 ¼ 正解

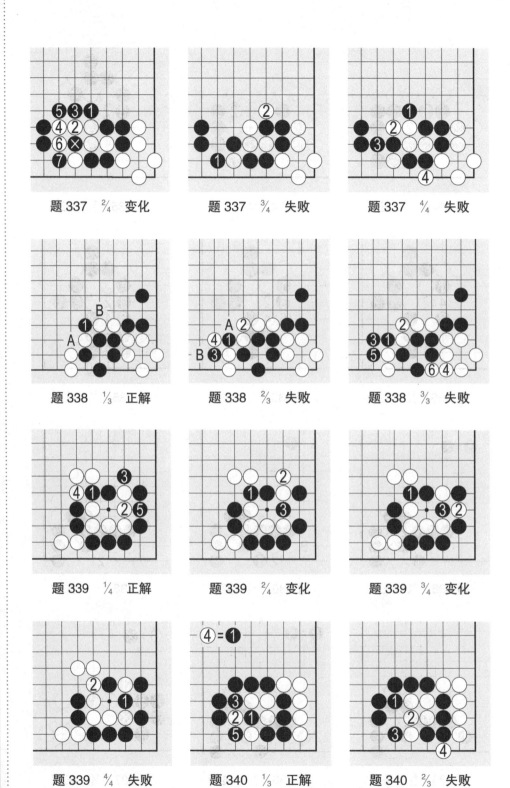

題337 ²⁄₄ 変化　　題337 ³⁄₄ 失敗　　題337 ⁴⁄₄ 失敗

題338 ¹⁄₃ 正解　　題338 ²⁄₃ 失敗　　題338 ³⁄₃ 失敗

題339 ¹⁄₄ 正解　　題339 ²⁄₄ 変化　　題339 ³⁄₄ 変化

題339 ⁴⁄₄ 失敗　　題340 ¹⁄₃ 正解　　題340 ²⁄₃ 失敗

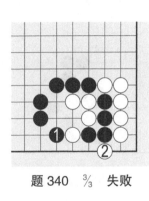

题340 ³⁄₃ 失败

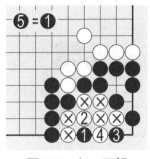

⑤=①

题341 ¹⁄₄ 正解

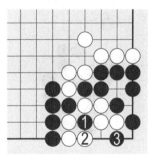

题341 ²⁄₄ 失败 双

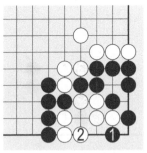

题341 ³⁄₄ 失败 双

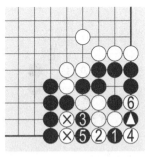

题341 ⁴⁄₄ 白错 劫

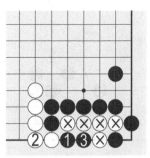

题342 ¹⁄₄ 正解

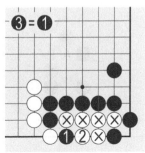

③=①

题342 ²⁄₄ 变化

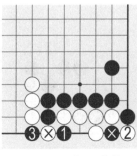

题342 ³⁄₄ 变化

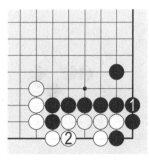

题342 ⁴⁄₄ 失败

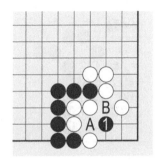

题343 ¹⁄₂ 正解

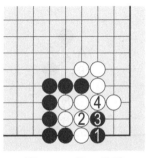

题343 ²⁄₂ 失败

④=✕

题344 ¹⁄₄ 正解

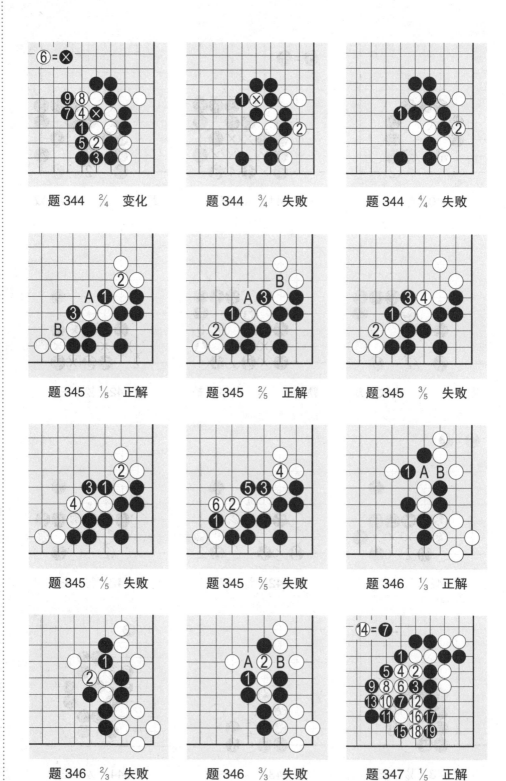

题344 ²⁄₄ 变化　　　　题344 ³⁄₄ 失败　　　　题344 ⁴⁄₄ 失败

题345 ¹⁄₅ 正解　　　　题345 ²⁄₅ 正解　　　　题345 ³⁄₅ 失败

题345 ⁴⁄₅ 失败　　　　题345 ⁵⁄₅ 失败　　　　题346 ¹⁄₃ 正解

题346 ²⁄₃ 失败　　　　题346 ³⁄₃ 失败　　　　题347 ¹⁄₅ 正解

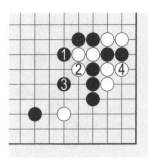

题347 ²⁄₅ 失败

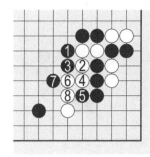

题347 ³⁄₅ 失败

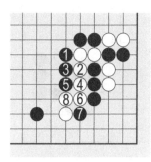

题347 ⁴⁄₅ 失败

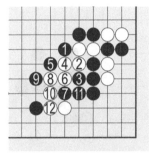

题347 ⁵⁄₅ 失败

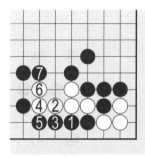

题348 ¹⁄₅ 正解

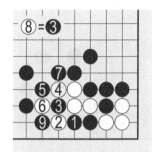

题348 ²⁄₅ 变化

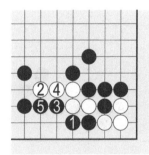

题348 ³⁄₅ 变化

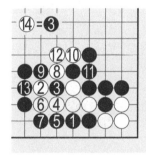

题348 ⁴⁄₅ 失败

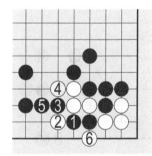

题348 ⁵⁄₅ 失败

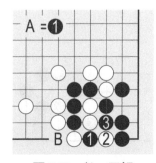

题349 ¹⁄₂ 正解

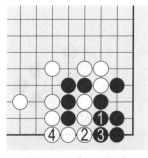

题349 ²⁄₂ 失败

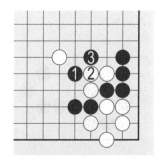

题350 ¹⁄₃ 正解

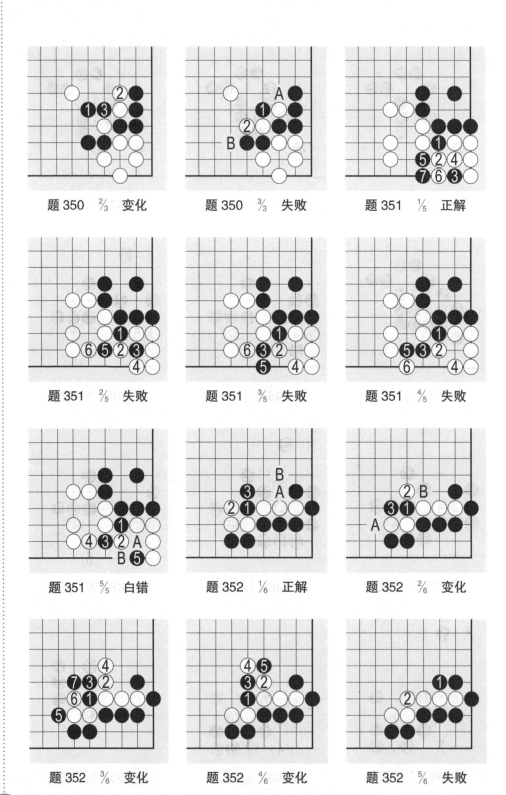

题350 ²∕₃ 变化　　　题350 ³∕₃ 失败　　　题351 ¹∕₅ 正解

题351 ²∕₅ 失败　　　题351 ³∕₅ 失败　　　题351 ⁴∕₅ 失败

题351 ⁵∕₅ 白错　　　题352 ¹∕₆ 正解　　　题352 ²∕₆ 变化

题352 ³∕₆ 变化　　　题352 ⁴∕₆ 变化　　　题352 ⁵∕₆ 失败

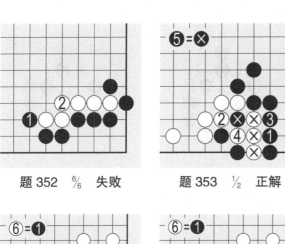

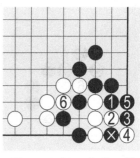

题 352 ⁶⁄₆ 失败　　　　题 353 ¹⁄₂ 正解　　　　题 353 ²⁄₂ 失败　劫

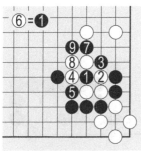

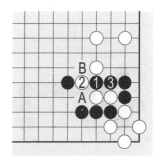

题 354 ¹⁄₇ 正解　　　　题 354 ²⁄₇ 变化　　　　题 354 ³⁄₇ 变化

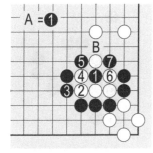

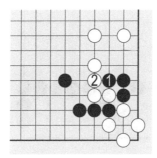

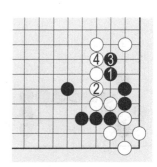

题 354 ⁴⁄₇ 变化　　　　题 354 ⁵⁄₇ 失败　　　　题 354 ⁶⁄₇ 失败

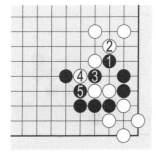

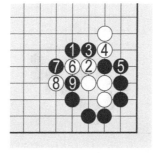

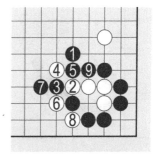

题 354 ⁷⁄₇ 白错　　　　题 355 ¹⁄₅ 正解　　　　题 355 ²⁄₅ 变化

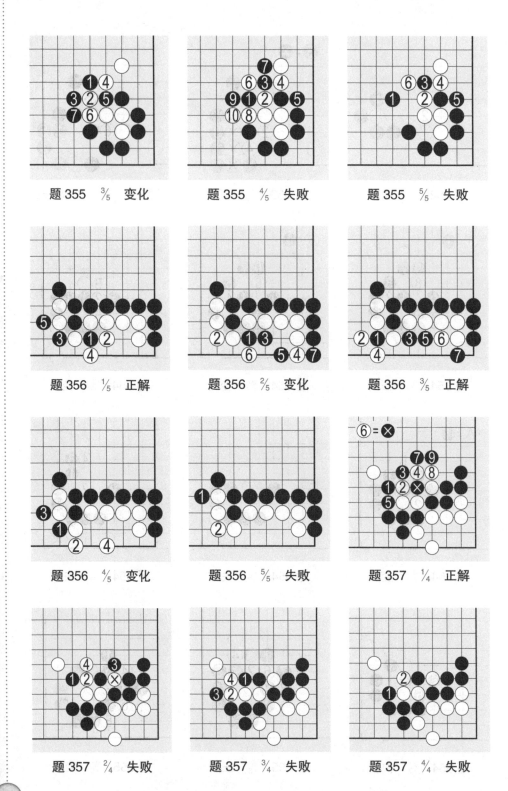

題355　3/5　变化　　　題355　4/5　失败　　　題355　5/5　失败

題356　1/5　正解　　　題356　2/5　变化　　　題356　3/5　正解

題356　4/5　变化　　　題356　5/5　失败　　　題357　1/4　正解

題357　2/4　失败　　　題357　3/4　失败　　　題357　4/4　失败

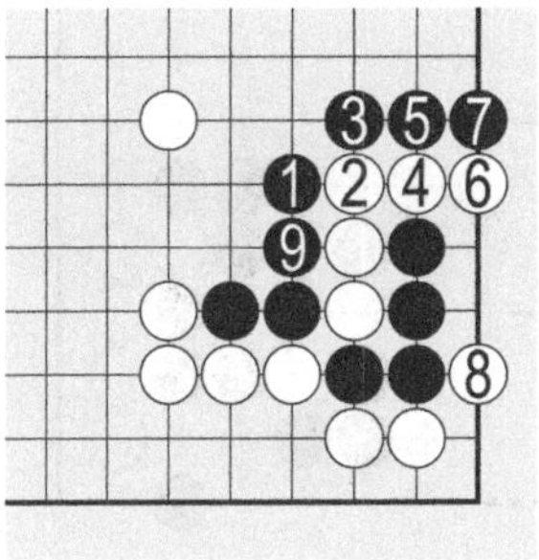

题 358 1/3 正解

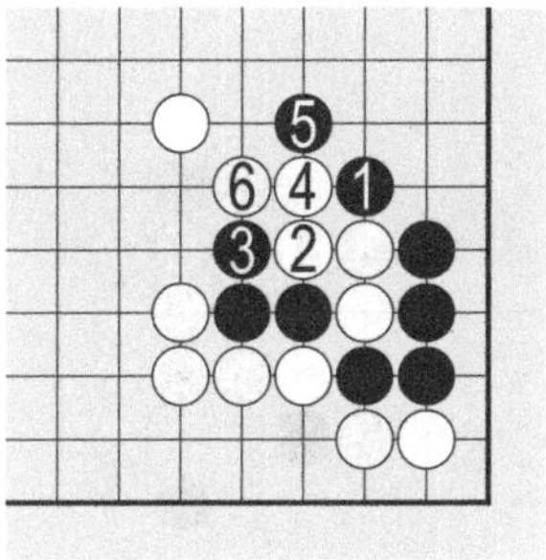

题 358 2/3 失败

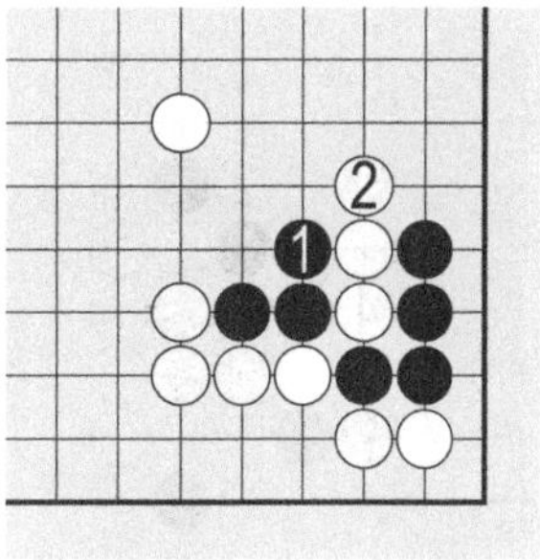

题 358 3/3 失败

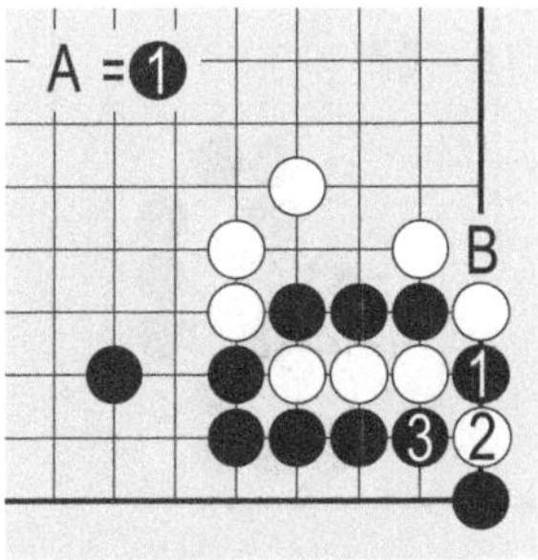

题 359 1/3 正解

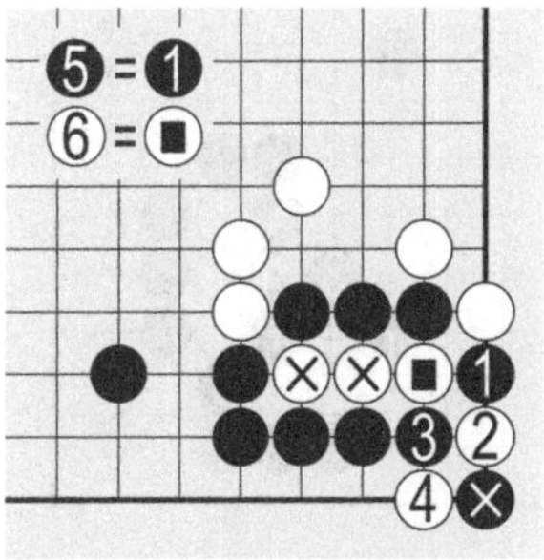

题 359 2/3 变化

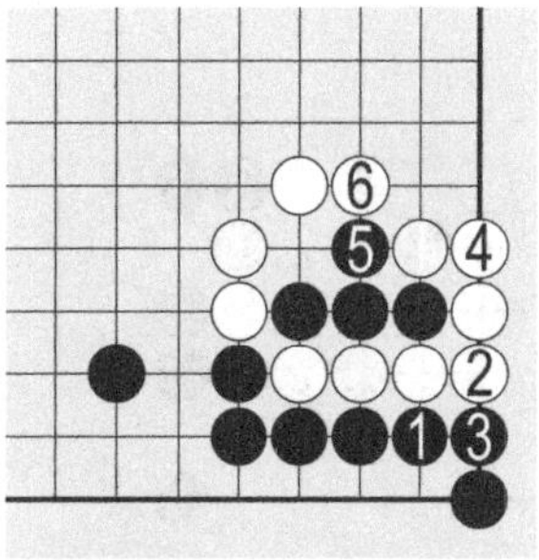

题 359 3/3 失败

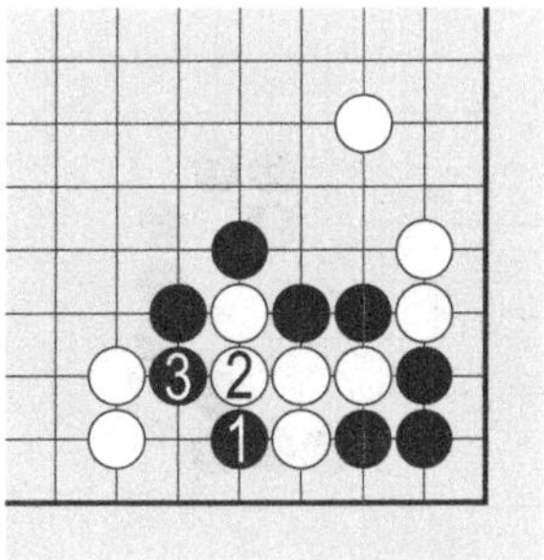

题 360 1/4 正解

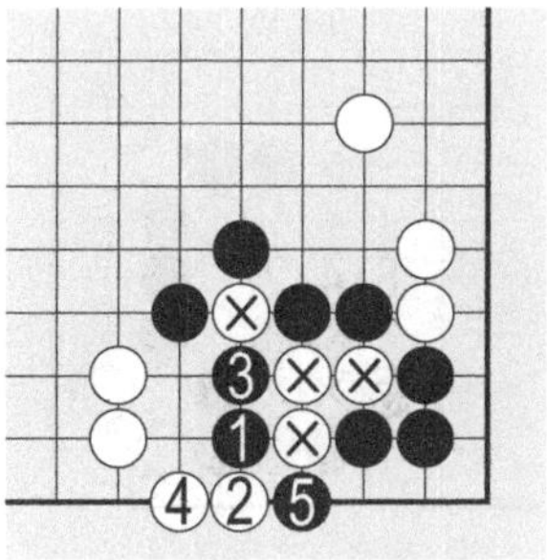

题 360 2/4 变化

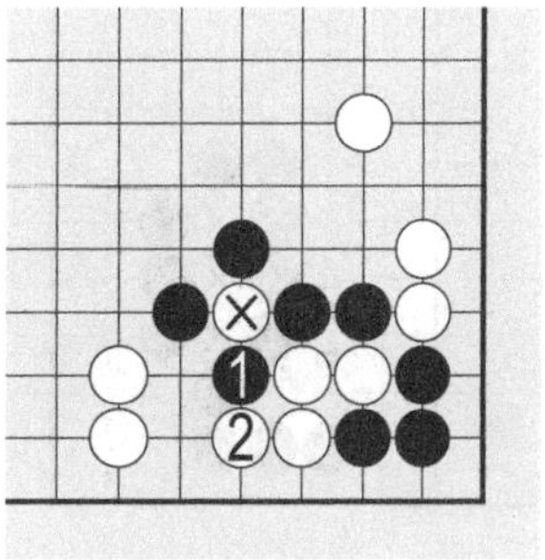

题 360 3/4 失败

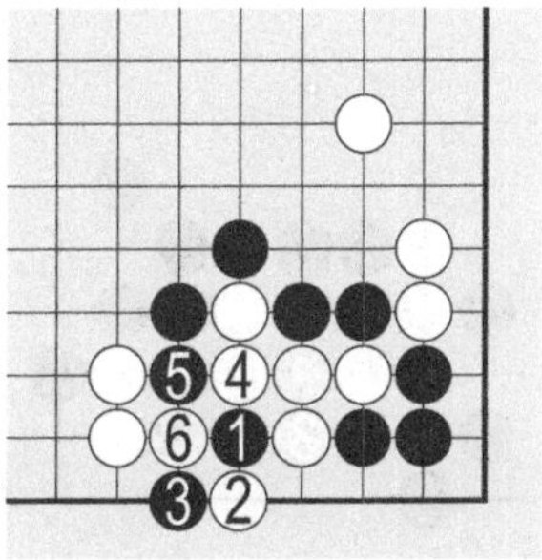

题 360 4/4 失败

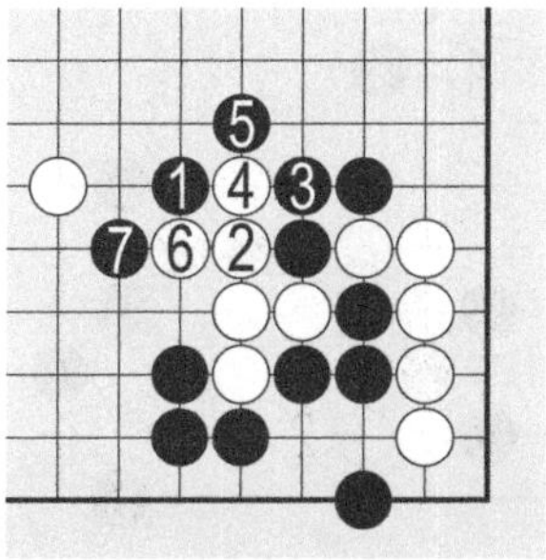

题 361 1/6 正解

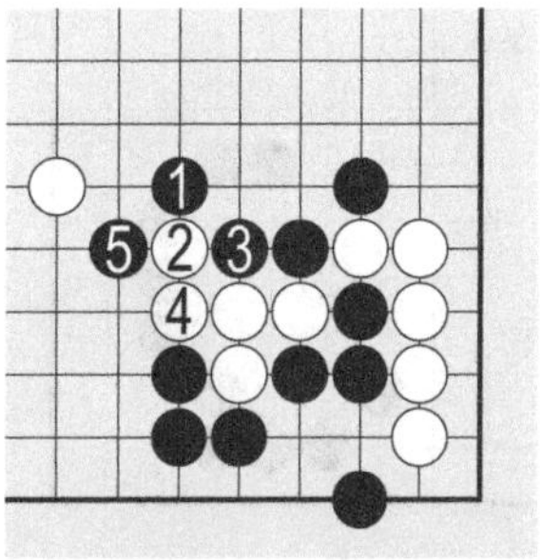

题 361 2/6 变化

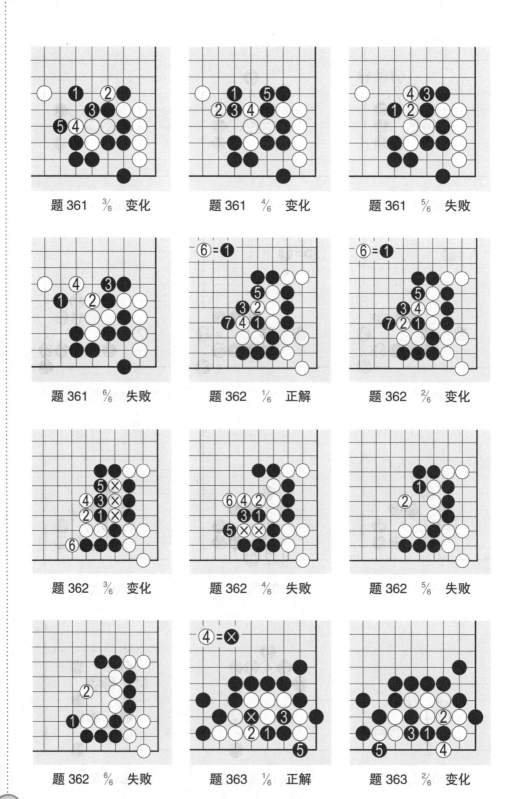

题361 ³⁄₆ 变化　　　题361 ⁴⁄₆ 变化　　　题361 ⁵⁄₆ 失败

题361 ⁶⁄₆ 失败　　　题362 ¹⁄₆ 正解　　　题362 ²⁄₆ 变化

题362 ³⁄₆ 变化　　　题362 ⁴⁄₆ 失败　　　题362 ⁵⁄₆ 失败

题362 ⁶⁄₆ 失败　　　题363 ¹⁄₆ 正解　　　题363 ²⁄₆ 变化

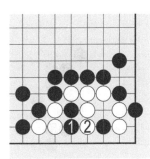

题 363 ³⁄₆ 失败

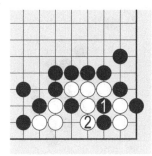

题 363 ⁴⁄₆ 失败

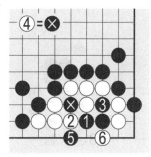

题 363 ⁵⁄₆ 失败

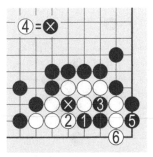

题 363 ⁶⁄₆ 失败

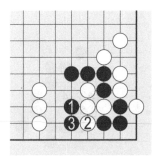

题 364 ¹⁄₄ 正解

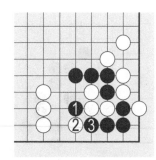

题 364 ²⁄₄ 变化

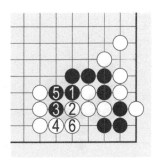

题 364 ³⁄₄ 失败

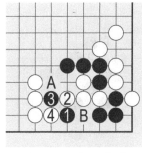

题 364 ⁴⁄₄ 失败

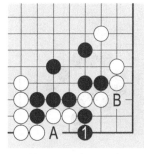

题 365 ¹⁄₄ 正解

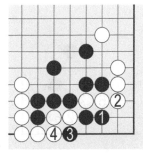

题 365 ²⁄₄ 失败

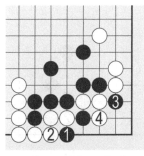

题 365 ³⁄₄ 失败

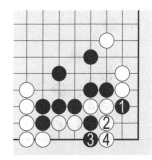

题 365 ⁴⁄₄ 失败

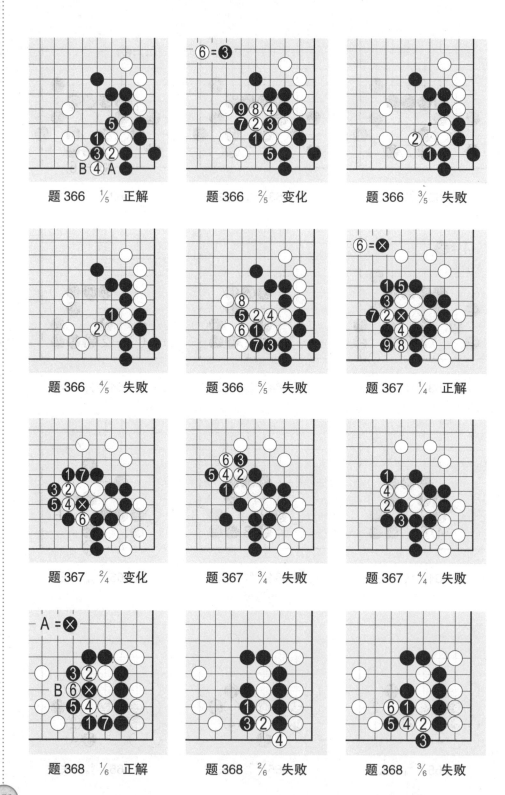

题366　1/5　正解　　　　题366　2/5　变化　　　　题366　3/5　失败

⑥=❸

题366　4/5　失败　　　　题366　5/5　失败　　　　题367　1/4　正解

⑥=⊗

题367　2/4　变化　　　　题367　3/4　失败　　　　题367　4/4　失败

A=⊗

题368　1/6　正解　　　　题368　2/6　失败　　　　题368　3/6　失败

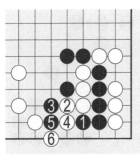

题 368　⁴⁄₆　失败

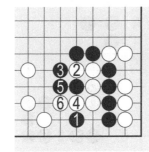

题 368　⁵⁄₆　失败

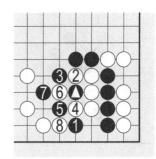

题 368　⁶⁄₆　失败　劫

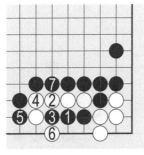

题 369　¹⁄₃　正解

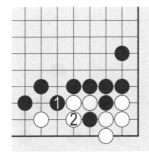

题 369　²⁄₃　失败

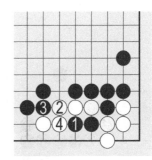

题 369　³⁄₃　失败

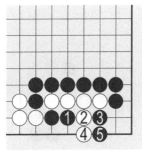

题 370　¹⁄₄　正解

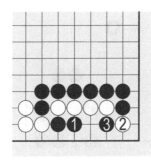

题 370　²⁄₄　变化

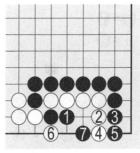

题 370　³⁄₄　变化

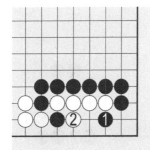

题 370　⁴⁄₄　失败

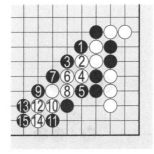

题 371　¹⁄₃　正解

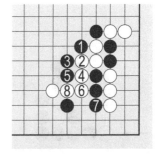

题 371　²⁄₃　失败

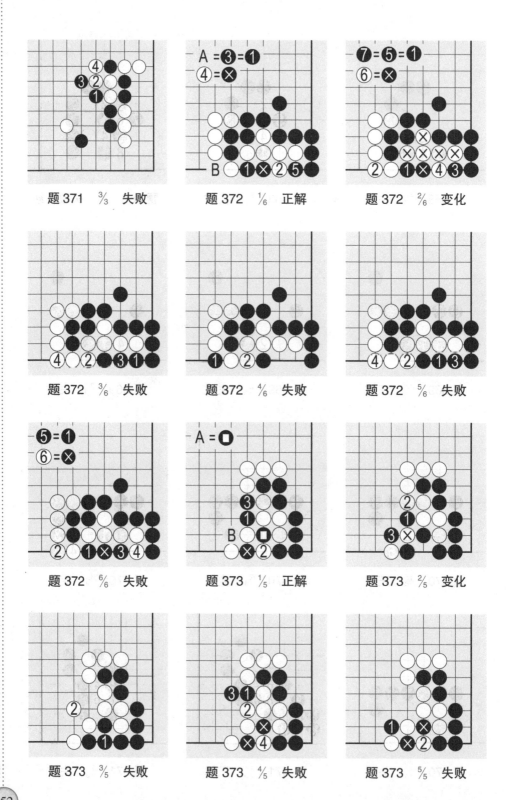

題371 ³⁄₃ 失敗　　　題372 ¹⁄₆ 正解　　　題372 ²⁄₆ 変化

題372 ³⁄₆ 失敗　　　題372 ⁴⁄₆ 失敗　　　題372 ⁵⁄₆ 失敗

題372 ⁶⁄₆ 失敗　　　題373 ¹⁄₅ 正解　　　題373 ²⁄₅ 変化

題373 ³⁄₅ 失敗　　　題373 ⁴⁄₅ 失敗　　　題373 ⁵⁄₅ 失敗

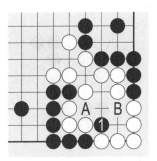

题 374　1/3　正解

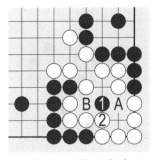

题 374　2/3　失败

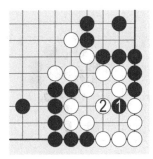

题 374　3/3　失败

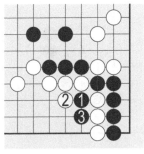

题 375　1/6　正解

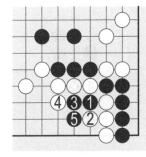

题 375　2/6　变化

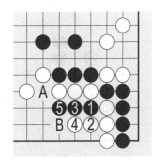

题 375　3/6　变化

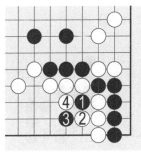

题 375　4/6　失败

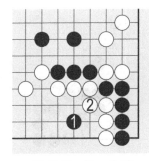

题 375　5/6　失败

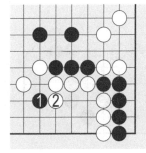

题 375　6/6　失败

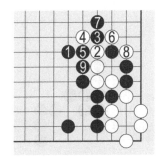

题 376　1/5　正解

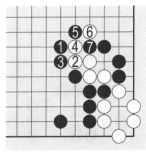

题 376　2/5　变化

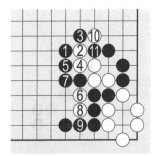

题 376　3/5　变化

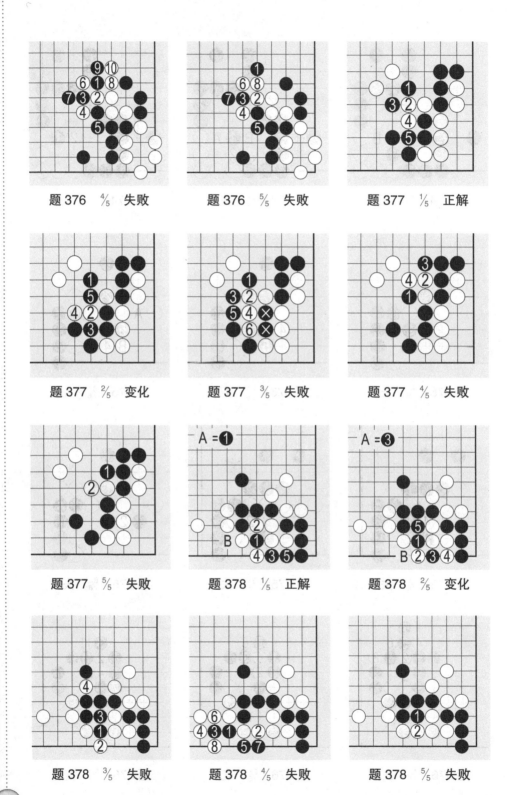

題 376　⁴⁄₅　失败　　　　題 376　⁵⁄₅　失败　　　　題 377　¹⁄₅　正解

題 377　²⁄₅　变化　　　　題 377　³⁄₅　失败　　　　題 377　⁴⁄₅　失败

題 377　⁵⁄₅　失败　　　　題 378　¹⁄₅　正解　　　　題 378　²⁄₅　变化

題 378　³⁄₅　失败　　　　題 378　⁴⁄₅　失败　　　　題 378　⁵⁄₅　失败

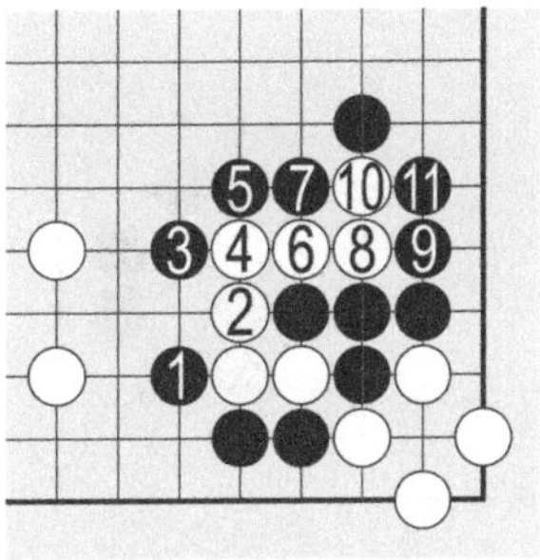
题 379 1/6 正解

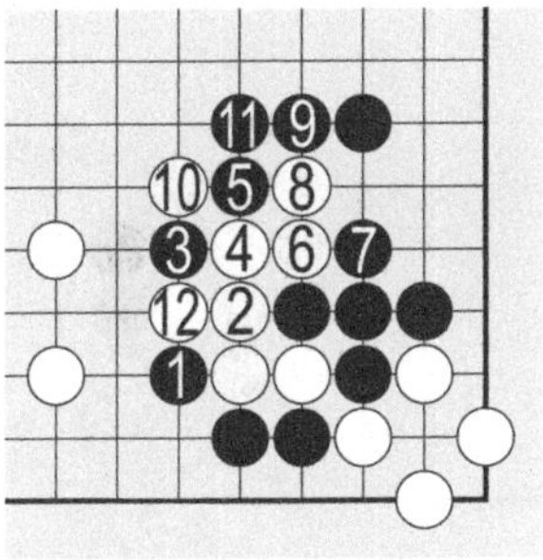
题 379 2/6 失败

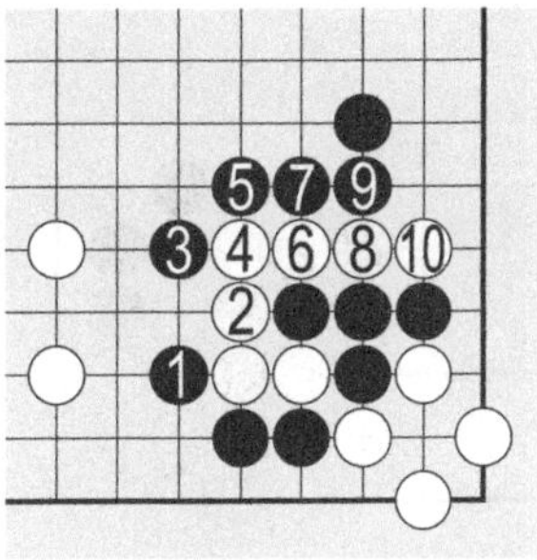
题 379 3/6 失败

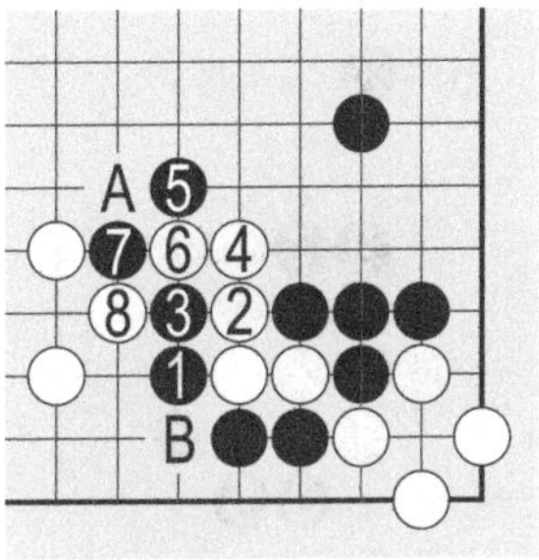

题 379 4/6 失败

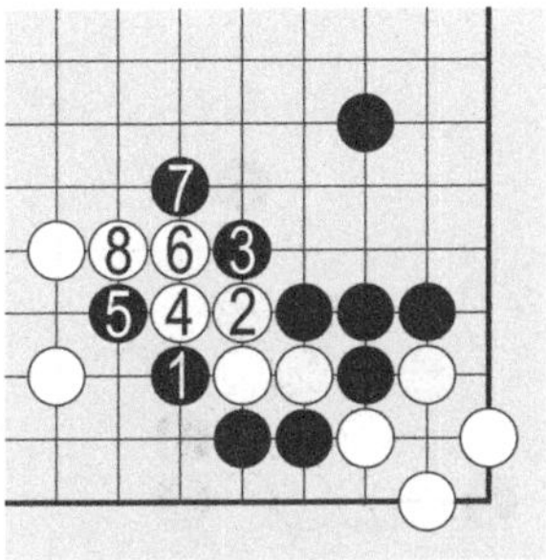
题 379 5/6 失败

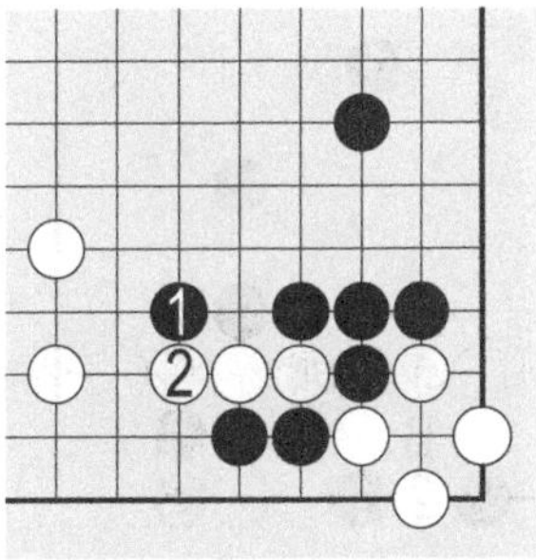
题 379 6/6 失败

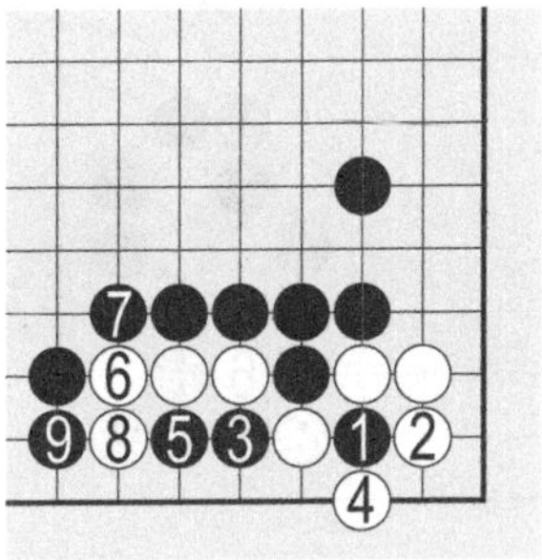
题 380 1/6 正解

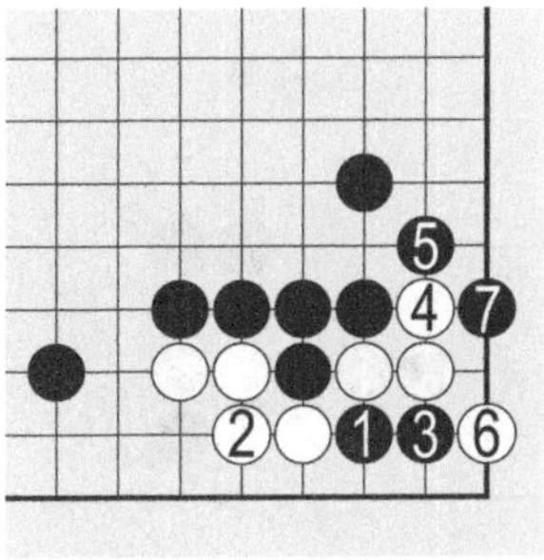
题 380 2/6 变化

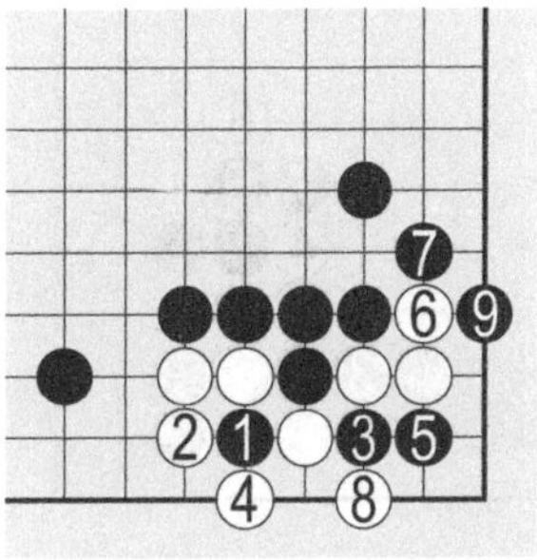
题 380 3/6 正解

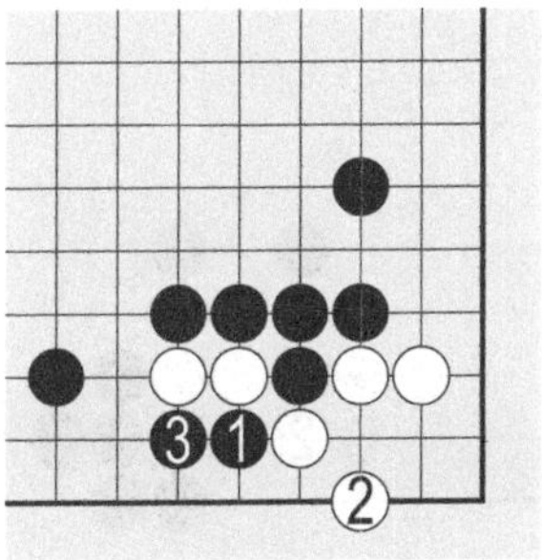
题 380 4/6 变化

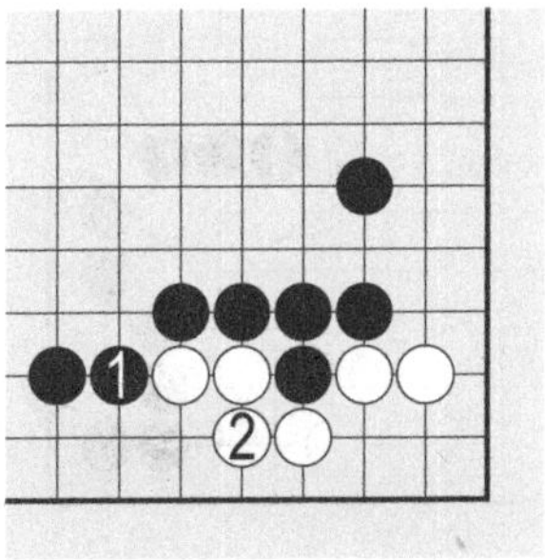
题 380 5/6 失败

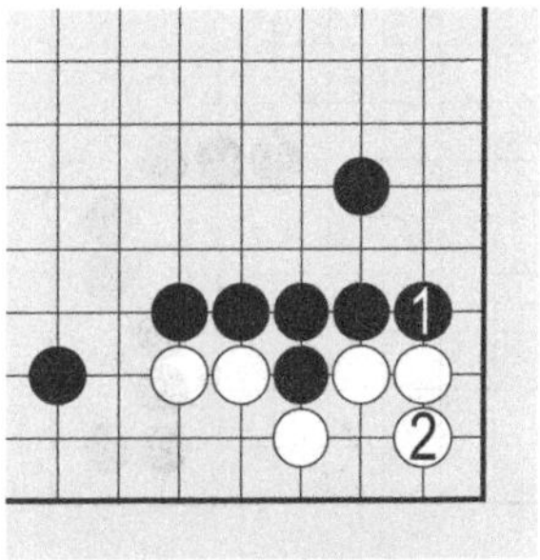
题 380 6/6 失败

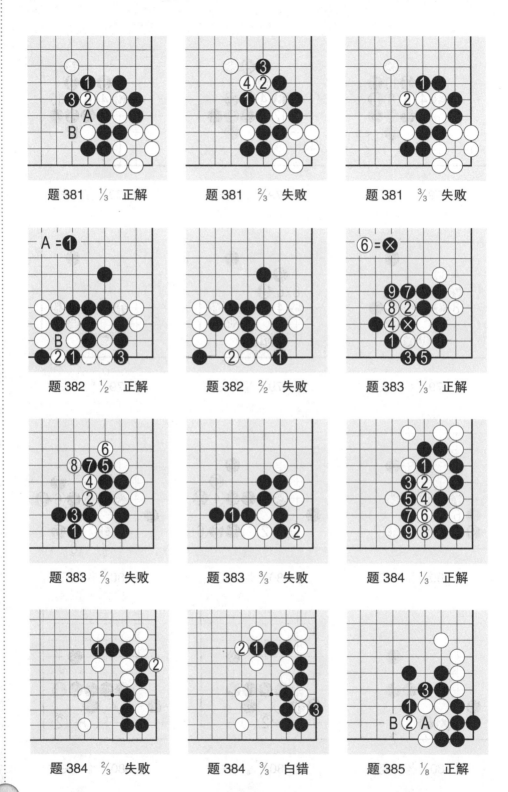

题 381　⅓　正解　　　　题 381　⅔　失败　　　　题 381　³⁄₃　失败

题 382　½　正解　　　　题 382　²⁄₂　失败　　　　题 383　⅓　正解

题 383　⅔　失败　　　　题 383　³⁄₃　失败　　　　题 384　⅓　正解

题 384　⅔　失败　　　　题 384　³⁄₃　白错　　　　题 385　⅛　正解

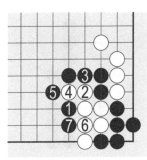

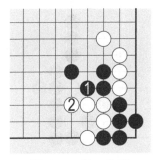

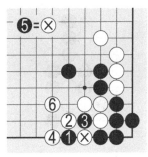

题385 ²⁄₈ 变化   题385 ³⁄₈ 失败   题385 ⁴⁄₈ 失败

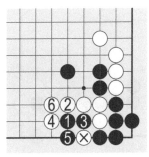

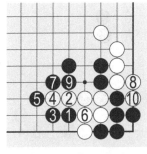

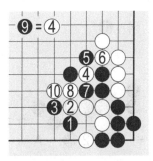

题385 ⁵⁄₈ 失败   题385 ⁶⁄₈ 失败   题385 ⁷⁄₈ 失败

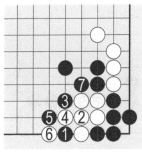

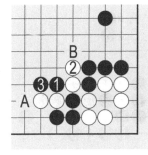

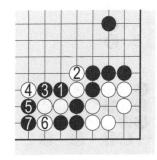

题385 ⁸⁄₈ 白错   题386 ¹⁄₄ 正解   题386 ²⁄₄ 变化

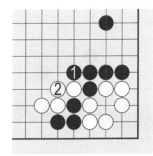

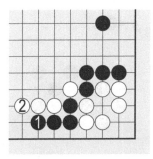

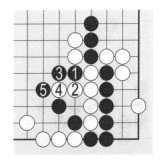

题386 ³⁄₄ 失败   题386 ⁴⁄₄ 失败   题387 ¹⁄₄ 正解

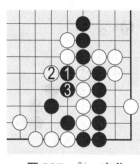

题 387 ²⁄₄ 变化

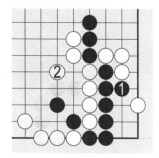

题 387 ³⁄₄ 失败

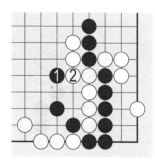

题 387 ⁴⁄₄ 失败

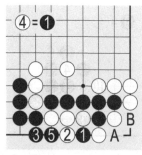

题 388 ¹⁄₇ 正解

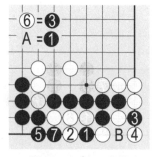

题 388 ²⁄₇ 变化

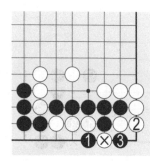

题 388 ³⁄₇ 变化

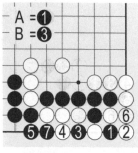

题 388 ⁴⁄₇ 正解

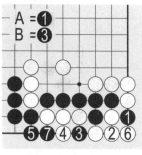

题 388 ⁵⁄₇ 变化

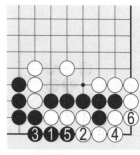

题 388 ⁶⁄₇ 失败

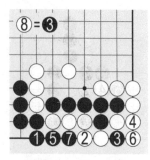

题 388 ⁷⁄₇ 失败

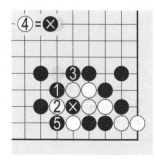

题 389 ¹⁄₅ 正解

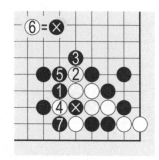

题 389 ²⁄₅ 变化

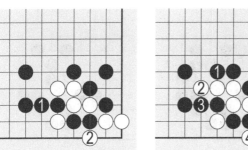

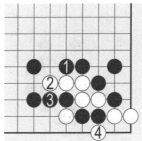

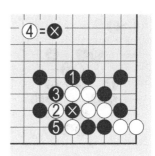

题 389　³⁄₅　失败　　　　题 389　⁴⁄₅　失败　　　　题 389　⁵⁄₅　白错

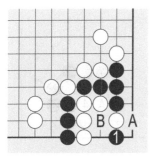

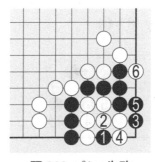

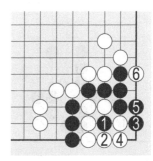

题 390　¹⁄₄　正解　　　　题 390　²⁄₄　失败　　　　题 390　³⁄₄　失败

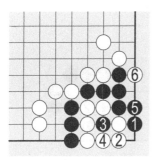

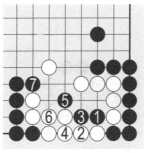

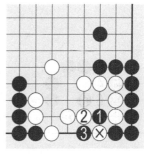

题 390　⁴⁄₄　失败　　　　题 391　¹⁄₅　正解　　　　题 391　²⁄₅　变化

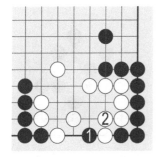

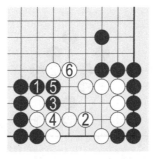

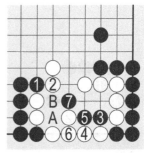

题 391　³⁄₅　失败　　　　题 391　⁴⁄₅　失败　　　　题 391　⁵⁄₅　白错

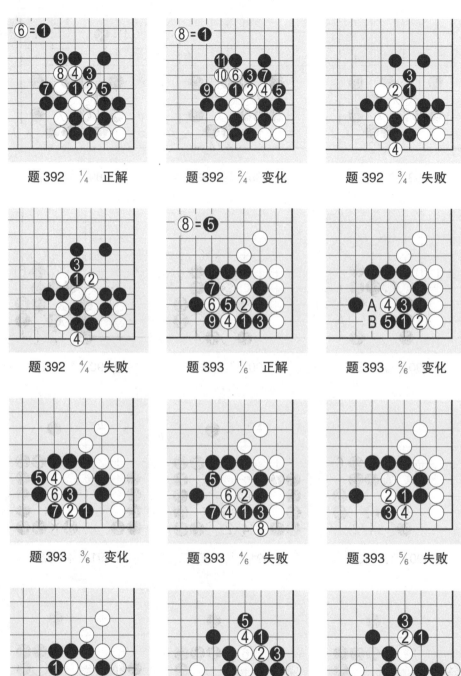

题392 ¼ 正解 题392 ²⁄₄ 变化 题392 ¾ 失败

题392 ⁴⁄₄ 失败 题393 ⅙ 正解 题393 ²⁄₆ 变化

题393 ³⁄₆ 变化 题393 ⁴⁄₆ 失败 题393 ⁵⁄₆ 失败

题393 ⁶⁄₆ 失败 题394 ¼ 正解 题394 ²⁄₄ 变化

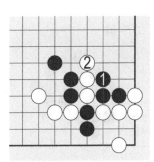

题 394 ¾ 失败

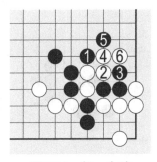

题 394 4/4 失败

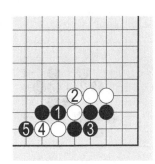

题 395 ⅕ 正解

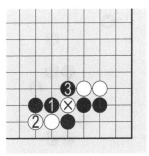

题 395 ⅖ 变化

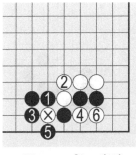

题 395 ⅗ 失败

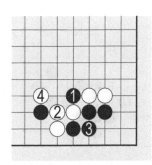

题 395 4/5 失败

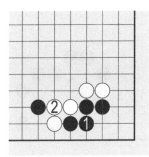

题 395 5/5 失败

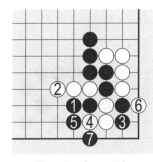

题 396 ⅕ 正解

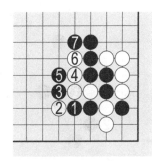

题 396 ⅖ 变化

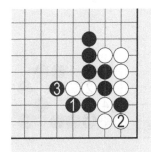

题 396 ⅗ 变化

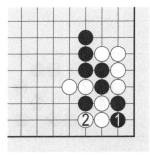

题 396 4/5 失败

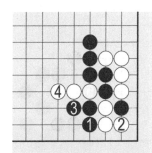

题 396 5/5 失败

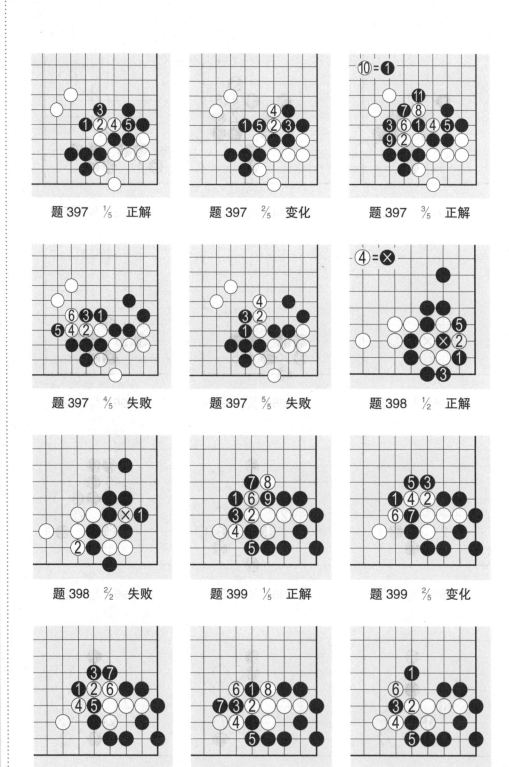

题397 1/5 正解　　　题397 2/5 变化　　　题397 3/5 正解

题397 4/5 失败　　　题397 5/5 失败　　　题398 1/2 正解

题398 2/2 失败　　　题399 1/5 正解　　　题399 2/5 变化

题399 3/5 变化　　　题399 4/5 失败　　　题399 5/5 失败

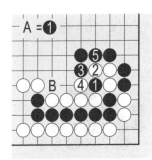

題400 1/3 正解

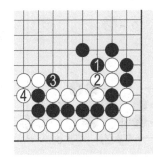

題400 2/3 失败

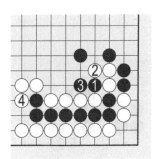

題400 3/3 失败

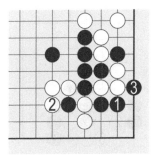

題401 1/4 正解

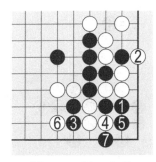

題401 2/4 变化

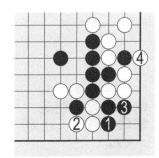

題401 3/4 失败

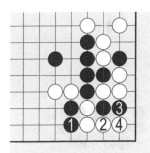

題401 4/4 失败

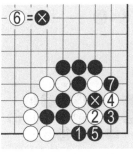

題402 1/4 正解

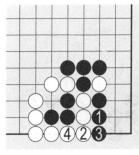

題402 2/4 失败

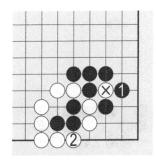

題402 3/4 失败

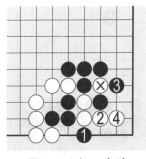

題402 4/4 失败

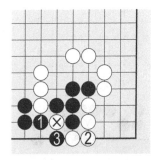

題403 1/9 正解

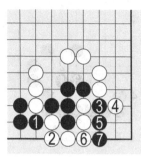

题403 $\frac{2}{9}$ 变化

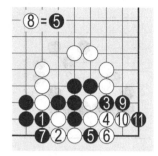

⑧=⑤

题403 $\frac{3}{9}$ 变化

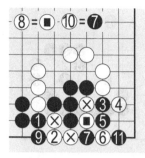

⑧=■ ⑩=⑦

题403 $\frac{4}{9}$ 变化

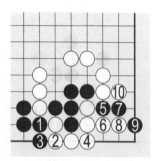

题403 $\frac{5}{9}$ 失败

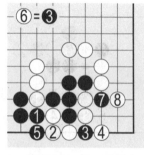

⑥=③

题403 $\frac{6}{9}$ 失败

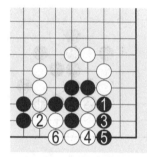

题403 $\frac{7}{9}$ 失败

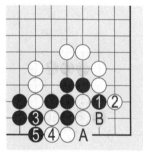

题403 $\frac{8}{9}$ 白错

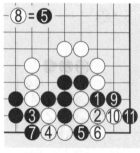

⑧=⑤

题403 $\frac{9}{9}$ 白错

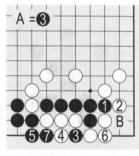

A=③

题404 $\frac{1}{6}$ 正解

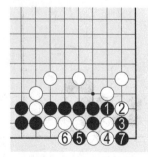

题404 $\frac{2}{6}$ 变化

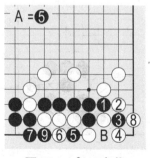

A=⑤

题404 $\frac{3}{6}$ 变化

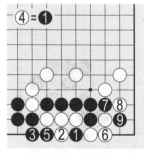

④=●

题404 $\frac{4}{6}$ 正解

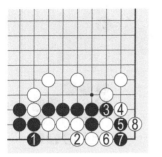

题 404　⁵⁄₆　失败

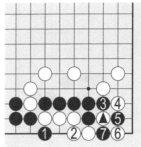

题 404　⁶⁄₆　失败　劫

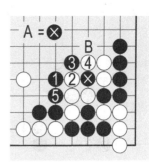

题 405　¼　正解

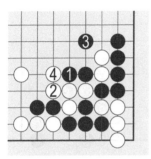

题 405　²⁄₄　失败

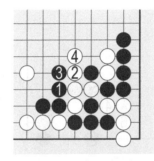

题 405　³⁄₄　失败

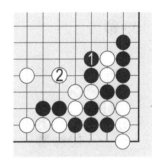

题 405　⁴⁄₄　失败

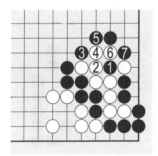

题 406　⅕　正解

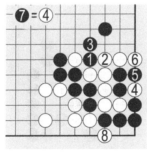

题 406　²⁄₅　失败

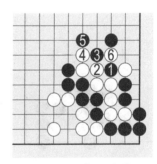

题 406　³⁄₅　失败

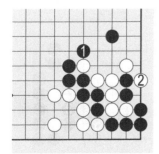

题 406　⁴⁄₅　失败

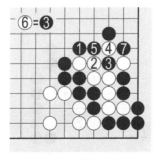

题 406　⁵⁄₅　白错

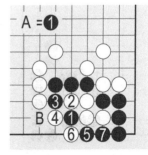

题 407　⅛　正解

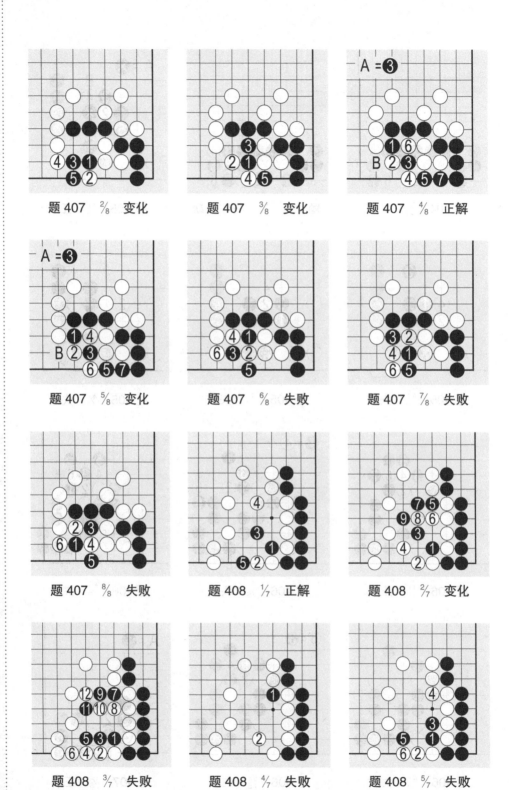

题407 2/8 变化　　　　题407 3/8 变化　　　　题407 4/8 正解

题407 5/8 变化　　　　题407 6/8 失败　　　　题407 7/8 失败

题407 8/8 失败　　　　题408 1/7 正解　　　　题408 2/7 变化

题408 3/7 失败　　　　题408 4/7 失败　　　　题408 5/7 失败

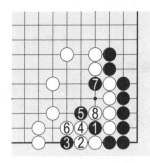

题 408 ⁶⁄₇ 失败

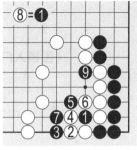

题 408 ⁷⁄₇ 白错

好书介绍

《围棋入门一本就够》

简单明了的成人围棋入门书。每天一课，30天围棋知识全面掌握。

《围棋入门口袋书》

真正零基础入门，小身材，大容量，丰富的例题，超全面的围棋知识。轻松索引，不懂就查。

《儿童围棋基础教程》（全4册）

系统性儿童围棋教程。每周一课，轻松学棋，讲解+习题，循序渐进。

《李昌镐儿童围棋课堂》（全5册）——李昌镐亲自授权的围棋入门书！

好玩的卡通画帮助记忆，让孩子从零开始，轻松入门。

《象棋入门一本就够》

　　一学就会的成人象棋入门书。每天一课，30天象棋知识全面掌握。

《儿童象棋基础教程》

　　系统性儿童象棋教程。每周一课，轻松学棋，讲解＋习题，循序渐进。

《象棋战术一本就够》

　　11大类战术，230余战例详解，40局名家实战解析。得子、入局、抢先，战略目标明确，战术清晰易懂。

《象棋基本战术宝典——顿挫与腾挪》

　　强化讲解重要运子战术——顿挫与腾挪，串联各种象棋战术、残局、杀法必不可少的基本战术书。

《象棋入门与提高》（全4册）

　　打破以往象棋书死记硬背套路的模式，从职业棋手的思路、目标及执行方法讲起，逐步推导不同棋形之间的关系和相互转化的过程，使读者掌握自我学习、研究棋谱的方法。